新农民法律维权实务读本

建筑业农民工权益保障一点通

叶青 编著

武汉大学出版社

图书在版编目(CIP)数据

建筑业农民工权益保障一点通/叶青编著. —武汉:武汉大学出版社,2017.3(2020.9 重印)
新农民法律维权实务读本
ISBN 978-7-307-15933-4

Ⅰ.建… Ⅱ.叶… Ⅲ.民工—权益保护—案例—中国 Ⅳ.D923.805

中国版本图书馆 CIP 数据核字(2017)第 043232 号

责任编辑:聂勇军　　责任校对:汪欣怡　　版式设计:马　佳

出版发行:武汉大学出版社　(430072　武昌　珞珈山)
　　　　　(电子邮箱:cbs22@whu.edu.cn　网址:www.wdp.com.cn)
印刷:湖北省荆州市今印印务有限公司
开本:720×1000　1/16　印张:11　字数:118 千字
版次:2017 年 3 月第 1 版　　2020 年 9 月第 6 次印刷
ISBN 978-7-307-15933-4　　定价:20.00 元

版权所有,不得翻印;凡购买我社的图书,如有缺页、倒页、脱页等质量问题,请与当地图书销售部门联系调换。

前　言

目前，我国农民工总数近3亿人，主要分布在建筑业和服务业。在4500万的建筑从业人员中，3600万人是农民工，他们是世界上最大的行业劳动群体。

建筑工人，是城市发展的贡献者，也是中国城镇化的主体。中国城市的繁荣和兴旺很大程度上是他们在背井离乡、风餐露宿并忍受着低廉的收入且工资随时可能被拖欠的情况下完成的。建筑工人的前途和命运是值得一切有志于社会主义现代化建设的仁人志士们所关注与研究的。

每到岁末年初，我们都会看到或听到建筑业农民工站到自己建好的高楼上，试图通过跳楼来讨要工钱，人们麻木地称之为"跳楼秀"。他们的这种跳楼行为不是"秀"，而是在用命搏他们的底线尊严。那些上演"跳楼秀"的农民工们，在自己生存遭受威胁的时候，他们选择以伤害自己而不是伤害他人的行为去进行抗争，已经是对这个社会最大的宽容。

近些年来，社会对建筑业农民工的关注已经开始出现新的变

前言

化，从以往对于建筑业农民工生存状态的同情与可怜，转变为对当前建筑工人高工资的各种吐槽，诸如"建筑工人月薪过万'秒杀'白领"、"开着轿车上工地搬砖"、"北京建筑民工日薪300元不输国贸上班白领"，等等，在这背后所传达的是成天"坐办公室"的打工者对于自身待遇的不满以及对于农民工高工资的羡慕与嫉妒。

这种论调无疑反映了当事人的浅薄与矫情，以及对自身现状不满却又无力改变而甘于现状的一种调侃。凡事总有特例，拿个别特例来说明一般情况，无疑是片面与无知的。试问一句，工资这么高，那你为什么不去当建筑工人呢？建筑工人整天与尘土为伍，长年与高温、高寒相伴，工作的高强度性、高流动性、高危险性你干得来吗？他们拿的是钱吗?！他们拿的是汗与血，是生命透支之后的汗与血呀！

现实自然是残酷的。尽管近年来我国为进城农民工出台了许多保障措施，努力提高他们的工作地位，维护其基本权益，力图让他们体面劳动，过上有尊严的生活，但我们不无遗憾地发现，限于种种困难，这些政策、措施并没有完全落实下去，或暂时无法贯彻执行。在许多城市，许多建筑农民工仍像20世纪80年代那样辛苦一月却只能领到当月生活费，何时能领到工钱得靠老板的善心与仁慈了。他们在城市地位仍很低，不但劳动合同签订率低，而且欠薪、工伤事故和职业病发生率过高。此外，社保体系也不完善，建筑业工伤率仅次于采矿业，但建筑业从业人员参保比例不到1/4。欠薪事件多发、安全事故频现、工伤维权艰难是建筑业农民工遇到的三大主要问题。这其中最为严重的莫过于工资发放时间、金额不确定，且存在被无限期拖延支付的情况。

一工人说："干我们这行的,哪有那么多要求啊,早上7点上班,中午11点下班,12点后继续工作,一直要持续到下午5点半。吃完晚饭,差不多就回宿舍休息了。"

一工人说："我们没有家的概念,工地在哪我们就在哪,简陋的临时工棚,有张床就足够了,生活很单调,除了工作就是休息。"

一工人说："不是生活所需,我也不会选择干这行,我不要求有多好的食宿条件,只希望工资准时发放,让我给家里有个交代。"

年关临近,有人说,"又到农民工讨薪季节"。当通过正常渠道讨薪无门时,一幕幕黑色幽默不得不轮番上演,跳楼讨薪、裸体讨薪、卖身讨薪……可能他们最终在政府的干预下拿到了工钱,可也因破坏社会安全秩序而被拘留。

建筑业农民工朋友要想在城市有尊严地工作和生活,还有很长的路要走。目前我国劳动力结构和总量正在发生变化,一些城市也曾屡次出现"民工荒"现象,国家也应积极转变发展思路,讲求经济发展和社会发展并行,在户籍制度、就业制度、劳动关系管理制度和社会保障制度上加大改革步伐,为农民工创造更好的工作、生活和身心发展条件,让农民工分享工业化和城市化的成果,感受现代文明的丰富多彩,在城市中找到自己的精神家园,建设一个更加和谐的新家园。

本书对建筑业农民工的各种劳动权益进行了深入的分析和阐释,并列举相关案例进行解析,以指导他们认识自己的权益,切实保障自己的权益。本书通俗易懂,言简意赅,以亲切平和的语

前言

言、富有条理的方式，讲解各种维权之道，从而让建筑工人能挺直腰杆，向各种不合理的侵权行为说不，与城里人一样共享发展机遇，同享国家红利，并为心怀梦想的他们如何更好地融入城市提供相关指导。

本书在编写过程中虽然倾尽全力，但由于编者水平所限，难免会出现疏漏或错讹之处，恳请读者批评指正。

本书在编写过程中参考了国家相关部委以及建筑业协会等相关部门网站，也参考了前人撰写的相关资料，对他们的辛苦付出表示衷心的感谢！

在本书编写过程中，有许多同志对本书的编写做出了努力，他们是：石丽芳、黎红飞、柳旺泉、柳迎春、周林、吕志宏、聂佳鑫，他们或者参与具体编写，或是提供数据，或是提供相关资料，或是参与审校，对他们的辛苦工作一并表示衷心的感谢。

作者

2016 年 12 月

目 录

第一章 建筑业农民工：干最苦的活，挣最难拿的钱 …………… 1
    第一节　我国农民工现状 ……………………………………… 1
    第二节　新生代农民工异军突起 …………………………… 11
    第三节　建筑业成为新生代农民工劳动主体及侵权
            重灾区 ……………………………………………… 22
    第四节　建筑业农民工问题的解决之途 …………………… 31

第二章 建筑业农民工劳动合同签订及争议处理 ……………… 36
    第一节　劳动合同概述 ……………………………………… 37
    第二节　签订劳动合同的重要意义 ………………………… 47
    第三节　建筑业劳动合同签订情况不容乐观 ……………… 49
    第四节　劳动合同订立的必要性 …………………………… 59

第三章 建筑业农民工工资支付及维权 ………………………… 66
    第一节　用人单位应依法合理支付劳动者工资 ………… 66

目录

第二节 建筑企业拖欠农民工工资情况严重 …………… 71
第三节 建筑业农民工工资拖欠解决之道 …………… 80

第四章 建筑业农民工社会权益保障及维权 …………… 88
　第一节 社会权益保障 …………… 88
　第二节 建筑业农民工社会保障现状 …………… 98
　第三节 建立农民工合法权益的长效保护机制 …… 102

第五章 建筑工人海外打工如何维权 …………… 106
　第一节 出国打工并不遥远 …………… 106
　第二节 我国建筑业在海外发展现状 …………… 112
　第三节 出国劳务申请办理的流程、手续 …………… 119
　第四节 合同的签订及收费标准 …………… 126
　第五节 国外打工纠纷处理 …………… 130

第六章 建筑领域维权案例及解析 …………… 140

附录 国务院办公厅关于全面治理拖欠农民工工资问题的意见 …………… 159

参考文献 …………… 168

第一章
建筑业农民工：干最苦的活，挣最难拿的钱

第一节 我国农民工现状

这是一个数量庞大的群体：国家统计局数字显示，2015年全国农民工人数为2.9亿人。这是一个做出了巨大贡献的群体：8400万人从事着制造业，我们穿的、用的都是他们制造的；4500万人从事建筑业，我们住的房子、走的公路铁路都是他们建设的；3000万人从事家政工作，他们照顾着别人的孩子、别人的老人，却见不到自己的孩子。这是一个付出了巨大代价的群体：全国农村留守儿童6102.55万，全国农村流动儿童达3600万，在农村的这些孩子见不到父母，在城市的这些孩子享受不到公平的教育权利。

在这近3亿农民工中，30%的农民工分布在建筑业和服务业。

建筑工人是城市发展的贡献者，也是中国城镇化的主体。

一、农民工的主要特点

农民工是在中国工业化、城市化与农村人口非农化没有同步发展的历史条件下而产生的一个独特的社会群体。随着中国经济的转型，出现了一个特殊的现象，即大量的农村人口向城市流动，传统的以土地为依靠的农民随着经济的发展和政策的开放，纷纷涌入城市，以寻找就业机会和更加美好的生活，这样一个庞大的群体被称为"农民工"。具体来说，"农民工"是指拥有农业户口、被人雇佣去从事非农活动的农村人口，它不仅包括在农村为他人从事非农劳动的农村人口，而且包括跨地区外出务工的农村人口。

长期以来农民工在各方面都受到了不公平的待遇，生活在城市的底层而成为城市中的弱势群体。有学者认为，农民工现象是中国转型期间或者说是中国现阶段社会发展进程中的一种过渡现象，是传统户籍制度、城乡二元经济社会政治分割与市场经济发展、统一劳动力市场以及中国现代化发展进程相冲突的产物，作为这样一种过渡现象，其存在将是长期的。从1989年第一次民工潮开始，中国的农民工规模不断扩大，到现在农民工已经成为了当前中国产业工人阶层的主要组成部分，但其又明显不同于工人阶层，拥有自己的鲜明特点。

（1）以初中文化的青壮年为主。一般来说，外出农民工平均年龄比较小，以初中文化为主，多数只能从事简单体力劳动。

（2）以自发性外出为主。农民外出务工主要依托以亲缘、地缘关系为基础建立起来的社会信息网络，通过口口相传而选择外出打工。据调查,88%的农民工通过自发方式外出,有组织外出的仅占12%。通过政府或中介机构组织和介绍外出就业的农民工近年来逐步增多,但仍然不是主要渠道。

(3)以来自中西部地区为主。安徽、江西、河南、湖北、湖南、广西、重庆、四川、贵州等中西部省市跨省流动的农民工占打工人数总量的80%以上,这些省份农民工选择外出打工,一方面是这些省份人口基数过大,现有土地无法容纳新增人口,另一方面是贫困所致,他们期待外出打工发家致富。

(4)以制造业、建筑业和服务业就业为主。据统计,从事制造业、建筑业、服务业的农民工占打工总数的80%以上。

(5)以到东部地区和大中城市就业为主。东部地区、大中城市就业容量大、收入高,吸引了大量农民工,其中尤以珠三角、长三角、环渤海区三个经济发达地区为主。农民工在辛苦挣钱的同时,也实现了这些地带(区)的经济崛起。

(6)以在城乡间双向流动为主。我国农村劳动力转移就业限于城乡分治的户籍制度,主要特点是职业与身份相分离、城乡之间双向流动,即所谓"亦工亦农、亦城亦乡"。这种"候鸟式"的流动有两种形式:一是"钟摆式",以年为周期在城乡和地区之间流动。二是"兼业式",以农业生产季节为周期,利用农闲时间外出打工。

二、打工对农民工的影响

如火如荼的城市建设潮,客观上也带来了巨大的劳动力需求,这使得打工浪潮经久不息。

外出打工对农民的影响是多方面的。打工的经历在打工者身上日积月累，无疑会影响和改变着他们的思想观念、思维方式和生活方式。观念上的变化和通过打工积攒的能力又促使他们去进一步改变现实环境，促进自身的发展，从而改变自己的人生。

1. 打工改变农民工思想

走出相对落后、封闭的农村外出打工，首先是视野一下子开阔起来，这让很多打工者有了更多的自我意识、经济意识，他们的人生观、价值观、婚姻观、生活方式等都发生了改变，进而影响和带动了思想文化观念、生活方式的变迁。

（1）生活观念的变化。长期以来，小农经济的影响和日出而作、日落而息的农耕生活方式养成了农村人普遍存在的自我满足的心态和缓慢的生活节奏。随着外出务工人数的日益增加，这种生活状态渐渐被打破。经过打工生活的磨炼，打工者适应了快节奏的生活方式，时间观念增强；更具有市场竞争意识和协作精神；更注重自己的外在形象和内在的知识修养。体验了现代文明的生活，农村原有的生活标准不再令他们满足，他们要用自己的能力去改变家乡的生活环境。

（2）婚姻观念的改变。过去，农村人的通婚通常局限在同村同乡之间，方式一般也是通过媒人介绍，男女双方家长认可后相见相识而成婚。现在则不然，年轻的打工者择偶大多不再需要媒人的介绍，选择范围也更宽，可以是同乡同学，也可以是同在外面务工的志同道合者，不管语言和生活习惯如何、家境如何，即使是跨县跨省，只要相互中意，就自由恋爱、自主结合。现在这种婚姻形式在打工者中很普遍。

（3）社交观念的变化。长期生活在农村的人，原本都是以血缘关系、地缘关系作为日常交往对象。打工初期，打工者也仍是依赖原有的这种关系来维持初来乍到的城市生活，他们遵循着"老乡见老乡，两眼泪汪汪"的古训，靠那些与自己同时进城的亲戚朋友来解决出现的生存问题。随着打工生活的持续，打工者积累了城市生活经验，他们的生活圈子、社交范围开始扩大，而且他们更渴望结交更多的生活圈子以外的人，以获得广泛的信息，寻求更广阔的发展空间。他们原来的社交圈逐渐被新的、更广泛的社交网络所代替。

(4) 教育观念的改变。"没有文化照样种田"，这种观念在过去的农村非常普遍。见识了外面的世界后，"没有文化走向社会会吃亏"早成为打工者的共识。许多年轻的打工者打工挣钱后，利用业余时间去补习文化课或学习职业技能，已婚者也都在为子女教育攒钱。

农村进城打工者这种思想观念上的变化，对我国特别是农村思想文化观念的变迁，影响是深远的。

2. 打工提升农民工的素质

外出打工带来的不仅是脱贫致富，打工生活的磨炼还让自身素质不断获得提升。

许多打工者通过进城打工，做了他们过去想做不能做，甚至想都没想过的事情，让他们成为了一个有作为的人。在城市里，他们和城里人一样活跃在各个领域，有的已成为高级技工、企业管理者、成功的商人，甚至打工文学的作家等。因为在外打过工的人有能力，有见识，许多地方政府还选拔返乡农民工当村干部，让他们带动乡亲们共同致富。

3. 打工带来新的发展机遇

让打工者精神面貌非同一般的，还因为打工如人生的阶梯，它帮助打工者一步步地成才，向成功者迈进。那份在晋升中获得的成就感，比挣钱更令打工者自信和自豪。不管是主动还是被动，打工者除了挣到钱外，还经历了过去不曾经历过的事，结识了过去不曾认识的人，接受了过去没有获得过的知识，发现和创造了更多的发展机会。许多只念过几年书的年轻人，在打工的过程中找到了自己的人生坐标，创造了人生奇迹。

4. 打工实现了创业理想

有许多外出务工人员经过多年打工，积攒了经济实力，熟悉了某行业的业务，具备了一定的管理经验，走上了自己当老板的创业之路。当今许多知名的浙商都是打工者出身，他们有的做过鞋匠，有的做过木匠，有的干过推销员等，在走南闯北中，一步步发展了起来。

近些年，有不少挣了票子、换了脑子、学会了管理和技术的外出务工者回乡办企业，不仅自己当上了老板，还促进了当地经济发展，吸纳了当地剩余劳动力就地就业，他们成为当地最受欢迎的人。

三、农民工权益保护成为社会一道难解的题

目前，我国农民工已近3亿人，他们是我国产业工人的重要组成部分，也是促进经济社会发展不可或缺的重要力量。但是，由于相关的法律法规及监督检查措施尚不健全，城乡二元结构的体制性障碍在短期内难以消除，加之农民工自身维权意识和能力方

面相对缺失，农民工权益受侵犯的事件时有发生。

1. 农民工面临的突出问题

近年来，党中央、国务院高度重视农民工问题，制定了一系列保障农民工权益和改善农民工就业环境的政策措施，各地区、各部门按照党中央、国务院的部署做了大量工作，进行了一些有益探索，创造了许多新鲜经验，农民工外出就业环境有所好转。但总的来看，农民工外出就业和权益保障等方面仍然面临着很多问题。当前，农民工面临的突出问题主要表现在以下几个方面：

（1）农民工工资待遇和劳动环境存在的问题十分严重。一是工资水平普遍低下，欠薪现象依然存在。这已成为中国分配领域中一个最突出的问题。各地的最低工资标准普遍偏低，且标准调整缓慢，一些企业主往往把最低工资标准当做实际支付给农民工的工资标准。农民工不仅工资收入水平低，而且还经常被拖欠，克扣或变相克扣农民工工资现象也较为突出。

二是劳动安全及卫生条件较差，往往缺乏最基本的劳动保护。农民工拿着最低的工资，却干着最重、最苦、最脏、最累、最危险的活。他们集中在劳动密集型产业和劳动环境差、危险性高的劳动岗位，尤其是城里人不愿干的建筑施工作业、井下采掘、有毒有害、餐饮服务、环卫清洁等工作，发生职业病和工伤事故的比例较高。据国家安全生产监督管理局统计，全国每年因工伤致残人员近70万，其中农民工占大多数。

三是超时间、超强度劳动现象非常普遍，休息权利没有保证。据国家统计局2014年所作的典型调查，农民工日工作时间达11个小时，每月工作时间超过26天。76%的农民工在节假日加班未享受过加班工资。

（2）农民工的社会保障待遇普遍缺失。由于现行的城镇社会保障制度安排，以及政府和企业的认识差距等因素，绝大多数农民工享受不到基本的社会保障。一是工伤保险参保率低，伤残医治赔偿困难。二是医疗、养老保险空缺，后顾之忧难以解决。人力资源和社会保障部调查表明，农民工医疗保险的参保率为15%左右，养老保险的参保率为25%左右。而基本养老保险由于不能跨地区转移，一些地方已参保的农民工也纷纷退保。

（3）农民工基本享受不到城市政府提供的公共服务。比如随农民工外出的子女义务教育困难，或不得不承受高昂的一笔赞助费，而且无法在当地参加中考或高考。比如居住条件比较恶劣，生活质量低下。农民工的计划生育工作，也一直是一个难点和盲区。农民工计划免疫和妇幼保健等基本公共卫生服务的普及性很低。即便是在农民工服务工作比较好的上海市，2015年外来儿童的免疫接种率也只有65%，而当地户籍儿童的接种率已达到99%以上。

（4）农民工维权工作困难重重。农民工群体是一个辛劳的群体，也是一个凡事讲究忍耐不愿较真的群体，这在客观上助长了侵权一方的嚣张气焰，而这其中工伤待遇和劳资纠纷成为侵权的重点领域，每年总会有农民工跳楼或拿断指讨工资或医药费的新闻。外行人士会批评农民工不懂得依法维权，内行人士则呼吁要改革各种法律制度，切实给农民工维权减负。按照《劳动法》规定，劳动争议案件必须经过劳动仲裁，才能向法院起诉。但现行劳动争议仲裁时效60日的规定太短，使得众多农民工延误维权的时机。此外，仲裁、诉讼环节过多，必要程序全部走完一般需要1~2年，有的到案件终结时用人单位已不存在或相关责任人已无从查找，迫使农民工不得不放弃申诉。

2. 上述问题产生的深层次原因

农民工是当前中国人数最多、社会奉献最大的劳动群体之一，也是合法权益最容易受到损害的弱势群体之一。农民工面临诸多问题的深层次原因，归纳起来主要有以下四个方面。

（1）城乡分割的二元结构，是产生农民工问题的体制根源。从根本上说，长期存在的城乡二元结构，造成了农村与城市、农民与市民种种不平等。城乡分割的户籍制度，是许多地方政府把外来人口和劳动力列在服务对象之外的主要原因。农民工既难以享受城镇职工的待遇，无法成为产业工人的"正规军"，也难以享受当地市民的待遇，不能融入城市社会成为新市民。现行的城市社会管理体制还带有计划经济年代的烙印和明显的城市偏向，没有把农民工纳入城市劳动就业服务、社会保障和其他公共服务之内。

（2）现行相关法律不健全、法制不完善，是产生农民工问题的制度缺陷。按照完善社会主义市场经济体制的要求，中国在劳动保障立法上空白较多，已有的一些法规政策中存在的限制农民工的歧视性条款尚有待进一步清理，许多法律法规对改革开放以来新出现的农民工群体缺乏明确的法律保护条款。现行涉及劳动权益保障的具体规定，有的只是部门规章，立法层次较低；有的没有上位法的依据，处罚条款过轻，不足以阻止企业主的违法侵权行为。《劳动法》《劳动监察条例》《工会法》等法律法规对于农民工的工资标准、劳动安全、工伤医疗保险、劳动时间、休假权利和民主权利等都有了明确规定，但事实上企业却存在普遍违法的现象。由于劳动执法体系不健全，执法监察力量严重不足，造成执法不严、违法不究的现象时有发生。

(3) 政府管理和职能转变不到位，是产生农民工问题的机制障碍。一些地方政府对于农民工的公共管理和服务严重缺位，在城市基础设施、社会保障、劳动就业、教育卫生、住宅建设等方面，都没有考虑到农民工的需要，在公共财政预算安排上也没有得到体现。一些地方政府受片面追求经济增长速度的传统发展观和偏重于经济增长的干部考核体系等因素影响，只强调亲商、爱商、富商，而忽视亲民、爱民、富民，在处理劳资关系时往往偏向投资者和企业主一边，缺乏对农民工合法权益的有效保护；加之一些地方领导往往把廉价劳动力和土地作为吸引投资的条件，认为提高劳动力工资和社会保障水平会削弱本地的经济竞争力、影响企业发展和外贸出口，导致对一些企业侵害农民工合法利益的事件重视不够。

(4) 农民工自身素质和组织化程度低，也是产生农民工问题的重要因素。与城市劳动力相比，农民工的文化水平不高，他们绝大多数外出前不掌握必要的专业技能，不了解工业生产的基本规范，不熟悉城市生活情况，往往只能从事体力劳动和技术简单的工作，在劳动力市场中处于弱势地位，没有与用人单位讨价还价的资本。

综上所述，农民工作为我国社会生产力中最积极、最活跃的群体，他们收入低下和权益缺失的状况如果不能尽快地得到有效改变，他们中的多数人如果不能逐步转化为正规的产业工人和安居乐业的市民，我国城乡差距、地区差距和贫富差距扩大的趋势就不可能得到根本改变和扭转，农业弱质、农村落后、农民弱势的问题也不可能得到根本解决，将会延误中国全面建设小康社会和实现现代化的进程，成为实现中国梦的强大障碍。因此，要充分认识解决农民工问题的重要性和必要性，增强解决农民工问题的紧迫感和责任感。同时，又要看到解决农民工问题的复杂性、艰巨性和长期性。农民工问题，是在改革发展进程中出现的，必须用进一步深化改革、加快发展的办法来解决，必须从政治和经济社会发展全局的高度统筹解决，必须积极稳妥、循序渐进、有针对性地逐步解决。

第二节　新生代农民工异军突起

与"农民工"一词相伴生的是"新生代农民工"一词，新生代农民工主要是指出生于20世纪80年代以后，年龄在16岁以上，在异地以非农就业为主的农业户籍人口。这批人目前是农民工的主体，占到80%以上。他们出生以后就上学，上完学以后就进城打工，相对来讲，对农业、农村、土地、农民等不是那么熟悉。他们渴望进入、融入城市社会，而我们在很多方面还没有完全做好接纳他们的准备。

新生代农民工年龄集中在16~40岁，以"三高一低"为特征：受教育程度高，职业期望值高，物质和精神享受要求高，工作耐受力低。随着第一代农民工年龄的增大和逐步返回农村，新生代农民工陆续进入城市并成为农民工的主体。

一、新生代农民工概况

1. 新生代农民工占外出农民工的八成以上，在经济社会发展中日益发挥主力军的作用

据国家统计局公布的数据：2015年，全国农民工总量为2.9亿人，外出农民工数量为1.8亿人，其中，16岁至40岁的占61.6%。据此推算，2015年外出新生代农民工数量在1个亿以上。新生代农民工在我国经济社会发展中日益发挥出主力军的作用。

2. 平均年龄25岁左右，初次外出务工岁数基本上为初中刚毕业年龄

根据当前三项规模相对较大的新生代农民工调查数据（一项为中国人民大学2010年对全国28个省、自治区、直辖市共1595名新生代农民工的调查，一项为珠三角新生代农民工的调查数据，另一项为全国总工会研究室2015年组织对千家已建工会企业的问卷调查），新生代农民工的平均年龄为25岁左右，这要求我们在认识新生代农民工时，必须关注与其所处特定年龄阶段相关的一系列特征和问题。

同时，新生代农民工的初次外出务工年龄更低，基本上是一离开中学校门就开始外出务工。一项调查显示，在珠三角，传统农民工初次外出务工的平均年龄为26岁，而在新生代农民工中，80后平均为18岁，90后平均只有16岁的年龄，基本上意味着新生代农民工一离开初中或高中校门就走上了外出务工的道路，也意味着与传统农民工相比，他们普遍缺少离开校门后从事农业生产劳动的经历。

3. 近80%的人未婚

据全国总工会研究室2015年的调查，新生代农民工中的已婚者仅占20%左右。而国务院研究室2010年发布的《中国农民工调研报告》显示，当时农民工中80%以上的人已婚。数据对比显示，新生代农民工主要是一个未婚群体，这意味着，这一群体要在外出务工期间解决从恋爱、结婚、生育到子女上学等一系列人生问题，这与外出期间80%已成家的传统农民工相比，存在着很大的差别。

4. 受教育和职业技能培训水平相对传统农民工有所提高

据国家统计局数据，2015年，在新生代外出农民工中接受过高中及以上教育的比例，30岁以下各年龄组均在26%以上；年龄在21~25岁的达到31.1%，高出农民工总体平均水平7.6个百分点。同时，新生代农民工中接受过职业培训的人员比例达到36.9%，高出传统农民工14个百分点。数据对比说明，尽管新生代农民工仍以初中及以下文化程度为主，职业技能水平有待进一步提高，但是，相对传统农民工，他们的文化和职业教育水平已有较大提高。

5. 在制造业、服务业中的就业比重有所上升，在建筑业中的就业比重有所下降

新生代农民工就业的行业分布呈现明显的"两升一降"特征，即在制造业、服务业中的比重呈上升趋势，在建筑业中呈下降趋势。《中国农民工调研报告》显示，2010年农民工在制造业、服务业和建筑业中的比重分别为33.3%、21.7%和22.9%；而国家统计

局2015年数据显示,外出农民工中从事制造业、服务业、建筑业的比重分别为39.1%、25.5%和17.3%。通过数据对比可以发现:5年间,制造业和服务业分别上升了5.8个和3.8个百分点,建筑业则下降了5.6个百分点。这说明,相对于传统农民工,新生代农民工显露出了行业倾向性,开始偏向于劳动环境和就业条件更好的行业。

6. 成长经历开始趋同于城市同龄人

从成长经历来看,新生代农民工没有经历过父辈那样从农村到城市的变化过程,与城市同龄人更为趋同。很多新生代农民工自小就跟随父母移居城市,或是在农村初中(高中)一毕业就到城市"谋出路",因此他们对城市生活环境比对农村生活环境更熟悉、更适应;即使出生、成长在农村,他们在务工前也同城市里的同龄人一样,大多数时间在学校读书,不熟悉农业生产。据统计,89.4%的新生代农民工基本不会农活,37.9%的新生代农民工从来没有务工经验。而且,许多新生代农民工出生在城市,在农村没有土地等生产资料。此外,新生代农民工大多只有一两个兄弟姊妹,"较之父辈,生活是优越的,没有挨过饿,没有受过冻,温饱问题在他们头脑里没有什么概念","忍耐力和吃苦精神远不及父辈",这一点与城市同龄职工也颇为相似。

二、新生代农民工务工观念的转变

新生代农民工与传统农民工在观念上存在一些明显差异,概括起来,集中体现为"六个转变"。

1. 外出就业动机从"改善生活"向"体验生活、追求梦想"转变

传统农民工外出就业的主要目的是"挣票子、盖房子、娶妻子、生孩子",总之,是为了改善自己的生活状态。而正值青春年华、职业道路刚刚开始的新生代农民工,外出就业的动机带有明显的年龄阶段性特征,用实地调研中一个26岁新生代农民工的话说,就是"体验生活、实现梦想"。

2. 对劳动权益的诉求,从单纯要求实现基本劳动权益向追求体面劳动和发展机会转变

20世纪80年代,农民工刚刚在我国大规模出现时,他们外出就业的目的相对单纯——挣钱,因而对劳动权益的诉求也相对较低,甚至认为只要能够按时足额领到劳动报酬,社会保障和职业健康等其他劳动权益可有可无。而对于新生代农民工而言,就业背景、家庭环境和个人文化技能水平的不同,为他们外出就业创造了相对宽松的环境,他们对劳动权益的诉求向更高层次发展。用他们的话来说,那种工资不高、吃住不包、合同不签、保险不上、发展(机会)不大的单位,只有傻瓜才去。他们就业选择不仅看重硬件——工资,更看中软件——福利待遇、工厂环境、企业声望乃至发展机会等。新生代农民工对劳动权益相对较高的主观诉求,既体现为当所在单位与自己的诉求存在一定差距时"用脚投票"催发的高跳槽率上,又表现为对就业行业、就业岗位和单位正规程度的更高要求上。

3. 对职业角色的认同由农民向工人转变，对职业发展的定位由亦工亦农向非农就业转变

新生代农民工所走的从校门到厂门的短暂历程、从学生到工人的角色转换，很大程度上决定了他们在情感上疏离农村，从职业角色上认同实际职业身份而非户籍身份，从职业发展定位上倾向于非农职业。一项调查显示，对于职业身份，在新生代农民工中，认为自己是"农民"的只有32.3%，比传统农民工低22.5个百分点，认为自己是"工人/打工者"的占32.3%，高出传统农民工10.3个百分点。另据一项调查，关于"未来发展的打算"，选择"回家乡务农"的，在新生代农民工中只有1.4%，而在当前仍旧外出就业的传统农民工中这一比重为11%；打算"做小生意或创办企业"的，新生代农民工中有27%，几乎高出传统农民工10个百分点；打算"继续打工"的，新老两代农民工均占到一半以上。

4. 对务工城市的心态，从过客心理向期盼在务工地长期稳定生活转变

传统农民工近似于候鸟的打工方式和亦工亦农经历造就了他们城市过客心理。据2010年清华大学对农民工家庭的一项调查，89.7%的农民工表示将来一定会回到家乡定居，只有10.3%的人表示不回到家乡定居。其他学者根据历年来农村外出流动人口数据估算的结果也大致如此，即在传统农民工中，大约有10%的人逐渐在城市沉淀了下来。然而，据中国青少年研究中心发布的《新生代农民工研究报告》显示，在新生代农民工中，有55.9%的人准备将来"在打工的城市买房定居"，远远高于17.6%的农业流动人口整体水平。数据对比说明，相对传统农民工，新生代农民工希望

在务工地长期稳定生活的愿望更加强烈。

5. 维权意识日益增强，维权方式由被动表达向积极主张转变

传统农民工自我维权意识较弱，维权能力不高，权利被侵犯时往往采取忍气吞声或被动恳求的方式解决。而新生代农民工比上一代有更强的平等意识和维权意识，对获得平等的就业权、劳动和社会保障权、教育和发展权、政治参与权、话语表达权，以及基本公共服务权等方面，都比父辈有更高的期待，并表现出维权态度由被动表达向积极主张转变。一项调查显示，当权益受到侵害时，新生代农民工中因为怕被报复而不向有关部门投诉的只有6.5%，仅是传统农民工的一半；采取投诉行为时，以集体投诉方式进行的(几个人一起去投诉)，新生代农民工为45.5%，高出传统农民工17.6个百分点。

6. 对外出生活的追求，从忽略向期盼精神、情感生活需求得到更好的满足转变

不同年龄阶段的人口有不同的生活及精神需求。传统农民工外出务工时年龄较大，大多已婚，他们为了实现挣钱的目标，大多不得不对情感精神生活采取忽略或无所谓的态度。而新生代农民工平均年龄为25岁左右，初次务工的年龄不足18岁，正处于婚恋期、思想彷徨期和情感高依赖期，他们更渴望在外出就业的同时，爱情能够有所收获，思想可以交流，困扰能够倾诉。据国家统计局的调研报告，2010年，在租赁房和自有房中居住的农民工只有20.1%；而2016年，住在租赁房和自买房中的比例已经上升到39.7%，这从另一个方面说明了他们对精神、情感和家庭归宿的更强需求。

三、新生代农民工面临的主要问题

新生代农民工作为农民工的一部分，与传统农民工面临着一些共同的问题，比如：工资拖欠、劳动合同签订率低、社会保障水平较低、职业健康安全保障不足等。同时，由于具有不同于传统农民工的新特征和新诉求，新生代农民工面临的问题又有其特殊性。

1. 工资收入水平较低、务工地房价居高不下，是阻碍其在务工地城市长期稳定就业、生活的最大障碍

据公安部 2014 年的调查，按照自身收入水平，有 74.1% 的农民工愿意承受的购房单价每平方米在 3000 元以内，有 19% 愿意承受 3001~6000 元的单价，愿意承受 6000 元以上的只有 6.9%。然而，据调研，每平方米 3000 元的房子主要集中在中、西部地区的县市及以下城镇，在农民工集中流入的东部沿海地区，即便是小城镇的房价也远远超过了 3000 元。对比农民工所能承受的房价与现在农民工流入集中地的房价，可以推断，如果按照当前的新生代农民工收入水平，假定他们的工资增速能够赶上房价的涨速（目前来看这一假定基本上不成立），按照商品价购房，新生代农民工中最终能够实现在务工地城市购房定居梦想的比例也不会超过 10%。

2. 新生代农民工的教育程度和职业技能水平滞后于城市劳动力市场的需求，是阻碍其在城市长期稳定就业的关键性问题

据中国劳动力市场网发布的信息，2016 年城市劳动力市场对

高中及以上文化程度的劳动力需求占总需求的 60.2%，对初中及以下文化程度的劳动力的需求仅占 39.8%。然而，据当前已有的调查数据综合判断，当前在新生代农民工中，具有高中及以上文化程度的只有三成左右。同时，城市劳动力市场中需求量最大的是受过专门职业教育、具有一定专业技能的中专、职高和技校水平的劳动力，这部分占总需求的 56.6%，而在新生代农民工中这部分人只有二成左右。也就是说，在知识和技能逐渐代替简单体力劳动作为劳动力市场选择标准的背景下，如果新生代农民工的教育和技能水平不能获得比劳动力市场需求更快的发展，按照他们目前的技能水平估算，只有大约三成的人能够在城市长期稳定就业。

3. 受户籍制度制约，以随迁子女教育和社会保障为主的基本公共需求难以满足，是影响其在城市长期稳定就业和生活的现实性、紧迫性问题

新生代农民工基于自身阅历和切身体验，对子女受教育的期望都非常高。他们中越来越多的人正是为了让子女能够在城市接受更好的教育而选择在务工地就业和定居。据中国流动人口监测报告，2016 年农村流动人口子女中，60.2%随同父母流动，只有 39.8%留守农村。然而，农民工随迁子女入学难问题仍相当突出，据教育部 2016 年发布的一项研究报告：农民工随迁子女在公办小学就读的比例，北京为 63%，上海为 49%，广州仅为 34.6%。学龄儿童中未上学的比例，北京为 3.81%，上海为 3.56%，广州高达 7.19%。农民工子女半数以上都有转学经历，在转学 3 次及以上的比例中，大城市最高，中等城市最少。一些城市公办学校还存在收取借读费和赞助费等行为,而大城市最为突出。随着新生代农民工年龄的增长,他们中越来越多的人将步入育龄阶段,与此相伴,随迁子女教育问题,也必将越来越成为他们在务工地稳定就业、生活不得不面对的现实性、紧迫性问题。

4. 职业选择迷茫、职业规划欠缺、学习培训的需求难以有效实现,是阻碍其实现职业梦想不可忽视的因素

新生代农民工大多刚迈出中学校门,他们带着对传媒中、社会上成功人士的羡慕和崇拜,期盼通过自身的努力实现美好的梦想。但是,他们的心智发展尚未成熟、思想尚未稳定、身份认同尚不清晰,面对铺天盖地、瞬息万变的信息和复杂的社会环境,确定具体职业发展目标的能力仍旧不足;加上家庭小型化带来的更低挫折耐受力,他们制定及实施职业规划的能力更低。同时,他们继续学习的愿望非常强烈,希望提升文化知识,但是,由于闲暇时间较少、下班时间较晚、学习培训机构距离较远等因素,导致他们能够便捷、安全、有效接受专业学习培训的渠道严重匮乏。

5. 情感、精神的强烈需求不能很好地满足,是困扰他们的首要心理问题,也是在现实生活中最少得到关注的深层问题

新生代农民工正处在交友、恋爱、结婚的黄金期。同时,他们刚走出校门,仍处于"半成人"阶段,对思想沟通和情感交流的需求更强。由于上班时间长、接触面较窄、工资收入低、就业行业中农民工男女比例失调(建筑业和制造业男性多、服务业女性多），这就使他们普遍面临想交友没时间、想恋爱没人选、想倾诉没对象的困境，再加上企业管理和文化建设的不足，以及社会人文关怀的欠缺，婚恋和精神情感成为困扰他们的首要心理问题。据中国青少年研究中心的调查，"感情孤独"已成为新生代农民工面临的主要困惑，在北京建筑业接受调查的农民工，超过七成将"感情孤独"作为困难的首选。在实地调研中，透过一些新生代农民工略带羞涩的话语，常让我们感到其内心闪烁的隐痛和不安。

6. 劳动合同签订率低、欠薪时有发生、工伤事故和职业病发生率高等劳动权益受损问题，是其亟待解决的突出问题

共同的经济社会环境，同样的农民工身份，差距不大的人力资本状况，使新生代农民工在基本劳动权益实现上与传统农民工相比虽然有所提高，但是总体境况相似，仍旧普遍面临着一些共同的、亟待解决的基本问题。这些问题突出表现在劳动合同签订率低、欠薪时有发生、职业卫生健康保障不够等方面。据一项在广东的调查，2016年，新生代农民工的劳动合同签订率只有61.6%；遭遇工资拖欠的人所占比例为71%。另据国家卫计委发布的2015年流动人口监测报告，60%的农业流动人口就业于工作条件差、职业病发生率高和工伤事故频发的低薪、高危行业。同时，据调查，新生代农民工发生工伤事故时，仅有60%的用人单位为其支付医疗费用，其中，服务业最差，这一比例只有47.3%。

第三节　建筑业成为新生代农民工劳动主体及侵权重灾区

建筑业农民工在新生代农民工中所占比例极高，尽管近年来其比例有下降趋势，但由于从业人员基数大，这一数据仍很惊人，而且我国对基建人员的需求有逐年增大之势，一方面，随着我国基建投入的增长，需要的建筑产业工人成倍增加，另一方面，由于行业具有的劳动密集型及资金密集型特点，相对来说，建筑工人收入较高，来钱较快，这吸引了那些肯吃苦、渴望短期快速致富而又有一把力气的中青年农民工，但建筑业的各种工资拖欠、老板跑路以及建筑安全事故，也成为这些农民工心头挥之不去的梦魇。

2015年，人力资源和社会保障部出台了《关于进一步做好建筑业工伤保险工作的意见》，人社部副部长胡晓义在接受记者采访时说，建筑业目前从业人员近4500万人，其中3600万人是农民工。建筑业工伤风险高，工伤保险待遇落实难的问题突出，工伤维权已成为该领域从业人员最关心、最迫切的问题之一。

一、建筑行业农民工基本情况

从全国范围来看，四川、河南、重庆、湖北、陕西、河北是建筑工人的主要输出大省，其中四川为中国建筑工人输出第一大省。建筑工地上以男性工人为主，女工所占的比例不超过10%。从年龄构成上看，1980年到1990年之间出生的建筑工人是当今建筑业工人的主要组成部分，80后、90后的新生代农民工在建筑行业所占比重已经达到总量的三分之一。

从建筑工人的户籍分布来看，超过九成的建筑工人仍是农业户籍。但随着城市化的扩张，一些"农转非"的失地农民也加入到建筑业的行列之中。建筑工人总体的受教育水平不高，以初中文化程度为主，其中80后、90后新生代农民工的文化水平总体高于上一代农民工。

建筑工人的做工方式仍以做点工为主(即计时工资)，超过一半的工人是以此种方式来计算劳动量的。其余两种方式为做包工(即计件工资)和点包结合的方式(即计时与计件工资相结合的方式)。由于让工人做包工对于包工头来说利润有所降低，因此包工头一般不太愿意以做包工的方式来为工人计酬。

二、建筑业农民工总体特征

建筑行业的农民工呈现以下几大特征：

1. 弱势群体

弱势性是建筑业农民工的最大特点，同时也是农民工的最大特点。建筑业农民工是当今中国社会最大的"弱势群体"。数以千万计的建筑业农民工已成为国家经济运转不可缺少的部分，但由于现实和历史的原因，建筑业农民工长期因工伤事故无人管、工资被拖欠、生活条件恶劣而无处求助。

2. 流动性较大

一项具体的工程项目竣工或者一项具体的工种工作结束，该建筑项目农民工的工作任务也将终止。为继续寻找工作，可能要流向下一个城市，如此循环往复，导致农民工处于不断的流动之中，最终返乡不再继续打工。超过一半的工人平均每两个月就要轮换一个工地。这种高度的流动性和短工化，可以让建筑资本降低生产成本，规避相应的法律责任，最大限度地榨取工人的剩余价值。而建筑工人高度的农民属性(建筑工人对农村家庭事务和土地的感情与卷入)，也使得建筑资本将其用来实现资本增值。久而久之，建筑工人也习惯了这种短工化，认为其相当自由，但这种自由与其说是建筑业农民工自己选择的结果，不如说是被建筑资本胁迫的结果，短工化造成的高度流动性和就业不足严重影响了建筑工人的工资保障，以及由此带来的问题是社会保险的转移与接续问题，如果建筑业农民工在就业地购买的社会保险不能实现跨地域的转移，将会极大地影响建筑业农民工参保的积极性，并直接损害他们享受社会保障的权利。

3. 相对工资普遍较低

"月薪万元搬砖工"，"白领抵不过泥瓦匠"，这是当前城市市民心中认可的建筑工人工资。不可否认，近几年来建筑业农民工工资增长较快，一些手艺好、为人活络的建筑工人年挣 10 万也不稀奇，但以此就认定建筑农民工工资高过城市白领则未免太过绝对。据调查，目前建筑工人每月工资基本不发，只能到包工头处借支伙食费，年终或一个工程结束则结算总体工资，是名副其实的"年薪制"。如果全年有活的话，一般来说年均七八万不成问题，但如果碰到天气不好或者工作量不足，或者工资拖欠情况，则全年只能混个肚儿饱了(只能吃饱谈不上吃好)，因此网传的建筑工人高工资是不真实的，不排除一些别有用心的人通过炒作来误导公众，并掩盖建筑工人真实的生存状态。而且，这种高工资的背后是对身体极大的摧残，他们一天的工作时间几乎相当于正常人两天的工作时间，这是在提前透支生命啊！

4. 教育培训少

调查结果显示约有49%的建筑工人甚至包括一些技术工种没有经过技术培训。他们以前大多是建筑工地的普工，随着在施工现场摸爬滚打渐渐地升为技工，但并没有经过专业培训。由于施工企业和施工班组的分离，施工企业不会对一个临时合作的施工班组成员进行培训，而乡镇小包工头或者班组队长也没有能力对班组成员进行培训。在安全方面，施工方往往只有简单的形式上的安全管理制度，建筑工人由于缺乏相应的培训，不仅不能很好地完成施工任务，而且对其人身安全也是一大隐患。

5. 职业风险高

随着城市规模的扩大和城市功能的多元化，城市建筑物的高度与建设难度也在不断增加，特别是在大城市，摩天大楼和地下工程比比皆是，其建设难度亦成倍增加。工程项目建设难度的增加带来了建筑业农民工职业风险的增大，最近几年各地频繁发生的建筑工程事故造成了建筑业农民工不小的伤亡。

6. 归属感差

建筑业农民工现代文明意识不强，无论是交规意识、环卫意识，还是生活意识，都与所倡导的现代文明要求尚有较大差距。法律意识也非常淡薄，不文明的行为颇多。生活上的差异、薪酬待遇上的不平等，使他们感到自己在"身份地位"上与城市人有较大的差别，归属感日益缺失，对城市文明的接受与融入也日渐下降,缺少为城市文明建设作贡献的热情。

三、建筑业农民工生存现状

生存现状指在日常生活和行为表现中呈现出来的情形,具体体现为生活质量、权益维护、社会保障、子女教育四个方面的内容。

1. 生活质量

调查结果显示,建筑行业农民工生活质量呈现以下几大特点:

(1)工作时间超长。建筑行业具有劳动强度大、工作时间长的特点,大部分工人每天工作近11个小时,并且很少有节假日。农民工一般每天5:00—6:00起床,没有休息日,除午餐短暂时间外,晚上7:00之后才能休息,抢工期时甚至要超时加班工作。每天高负荷工作、超长的工作时间和较大的工作强度使得工人一天劳动下来,精疲力竭,非常辛苦。一般来说,无论做工多长时间都不算为加班。建筑工人没有周末概念,除基本工资外,无其他福利待遇,能够享受带薪年休假和探亲假、年底奖金与分红等"高级待遇"的建筑工人寥寥无几;相反,享受最多"待遇"的则是建筑业主或包工头各种名目繁多的罚款。

(2)讨薪成常态。从工资发放的情况看,工地依照法律按月结算工资的比例不足20%,《劳动法》实施20多年来,建筑工人对按月发工资的认知还停留在较低的水平。按年或按工程发工资由于其巨大的风险性,导致农民工讨薪成为常态。

我国房地产业多年来形成的无良用工环境,导致建筑行业不仅在资金链紧张的情况下拖欠工人工资,即便是在企事业单位用房、保障房这种非商业化住房项目中也习惯性拖欠工人工资,既然拖欠农民工工资零成本,那为何不拖欠呢?农民工历经艰难的维权,即便完胜,所获得的也只不过是工地方本应支付给他的报酬而已,更何况又有几人能坚持维权到最后呢?

"恶意欠薪"已经在2011年就列入刑法了,而那些因恶意欠薪入狱的当事人,却大抵是这条地产资本剥削链条上最低一级的包工头,那些建筑"大老虎"们依旧活得舒服惬意。

(3)居住环境恶劣。调查显示66.46%的建筑行业农民工认为居住环境一般,12.22%的工人认为居住环境差。通过实地调研,将近75%的建筑工人居住在建筑工地临时建造的铁皮房中,房内设施简陋,缺乏基本的居住设施,有的施工住房里面还摆满建筑材料和工具,住房附近更是垃圾成堆,气味难闻。

(4)伙食条件较差。建筑行业农民工是在临时搭建的食堂里面就餐,一日三餐单调且营养差,餐厅没有桌子椅子,建筑工人都是蹲在地上吃饭。食堂内往往也是杂乱不堪,缺乏卫生措施,农民工对就餐环境的满意度较低,对饭菜质量和价格方面满意度较低,平均饮食成本为每月800~1200元,大多数工人一个星期左右会下馆子改善一次生活。

(5)精神生活匮乏。建筑行业农民工闲暇时间有限,业余生活比较单调,使得建筑业农民工的精神生活处于空白的状态,企业组织的文化活动也相对较少,绝大多数建筑工人以睡觉、看电视或者看报纸等方式打发自己的闲暇时间,业余文化生活非常匮乏。"建筑工人工资低,粗茶淡饭穿破衣。一年吃的三年饭,三年陪了一年妻。"这是一首工友写的诗,该诗使建筑工人在工地的艰苦生活跃然纸上。

2. 权益维护

调查结果显示，建筑行业农民工权益维护呈现以下几大特点：

(1) 工作强度太大。建筑行业受季节和天气变化的影响很大，冬季几乎都要停工，而夏季就要赶工期，如果前期受天气的影响耽误了工期，后期就更是要大强度地加班以按期竣工。为了节约成本，增加效益，建筑老板要求农民工延长工作时间，提高工作强度；一些大型的建设工程项目，持续的时间较长甚至长达数年，为了抢工期和尽早竣工，建筑老板或包工头要求农民工夜以继日、加班加点、持续高强度地工作。

(2) 加班情况严重。除了碰上不能施工的天气，建筑工人一般一周要工作七天，一天工作将近 11 个小时，夏天有时工作时间达到 13 个小时，远远长于国家规定和劳动合同的规定。这表明了建筑工人的加班情况严重，而且建筑工人加班得不到相应的工资补偿。

(3) 工伤事故频发。农民工工作的显著特征是劳动时间长、劳动强度大、危险性高。许多用人单位缺乏对农民工进行基本的劳动保护和安全生产教育，也不提供安全保护措施，即使有一些非常简陋的防护措施，也起不到相应的防护作用，许多农民工致病致残，甚至丧失劳动能力只好返回农村。

(4) 劳动合同不正规。不签订劳动合同、拖欠工资是建筑业常见现象。越来越多建筑工人已经认识到包工头不再与他们发生劳动关系，但同样不能忽视的问题是，在《建筑法》颁布取消包工头后，包工头仍是建筑业施工的重要组织者，也成为工人心目中最真实的"老板"。包工制度对工人的束缚根深蒂固，即使在已签约的劳动合同中也存在很多无效条款和霸王条款。

（5）无社保情况严重。在社会保险方面，建筑行业农民工除了少数管理人员以外几乎都没有参加社会保险，很少有人愿意自觉缴纳社保费用，这些现象都体现了建筑工人自我保护意识淡薄。

（6）工伤处理意识差。建筑行业农民工对工伤处理情况满意程度较差，在工伤处理过程中，医疗费用多由建筑工人自己承担，企业往往找各种理由，拒绝履行自己的责任。许多建筑工人对工伤的界定不清楚，只在特别严重时才申请补偿。有些地方政府为提高工伤保险的覆盖率，规定总包企业在开工之时要为工人趸交工伤保险，但是这项规定的实施效果却并不佳。

首先，我国的建筑行业实行的是劳务分包制度，总包不直接组织工人施工，而是将工程以专项施工的方式分包给劳务分包公司。这样问题就出现了，依据《劳动法》和《劳动合同法》的相关法律法规，工人应该是与劳务分包公司存在劳动关系的，而工伤认定和工伤赔偿都应该是由与工人存在劳动关系的劳务分包公司来负责。但实际上，劳务分包公司大多数只是皮包公司，几乎全部为私人包工头挂靠。因为工人不与总包建筑企业存在劳动关系，总包建筑企业完全可以不为工人的工伤负责任。而劳务分包公司虽应该为工伤工人负责，但它又无法利用总包建筑公司缴纳的工伤保险。

在工地上，有些劳务公司或包工头为逃避给工人缴纳工伤保险，购买成本更为低廉的商业性人身意外伤害保险，甚至这也成为劳务公司或包工头赚钱的另一渠道。商业性意外伤害保险通常遵循"谁购买，谁受益"的原则，工人受伤后，受到赔偿的不是工人，而是劳务公司或包工头。工伤工人能否拿到商业保险公司给付的全部意外伤害赔偿，那就要看所跟随的老板的仁慈程度了。但据调查发现，几乎没有工人能够从老板那里拿到全额的人身意外伤害赔偿。

（7）工会缺位严重。作为曾经与工人最密切的工会组织，如今已沦落到对于工人来说非常陌生、可有可无的境地，工人对工会的认知率比对劳动合同的知晓率低得多，近八成的工人不知道劳动者有组织工会的权利。在遇到困难和问题时，超过九成的工人没有向企业工会、地方工会和行业性工会寻求帮助，工会并未被工人纳入到可以利用的资源库中。

3. 社会保障

调查结果显示，建筑行业农民工社会保障呈现以下两大特点：

（1）医疗状况堪忧。施工单位对工人的身体状况并不是很重视，大部分的建筑行业农民工并没有定期进行身体健康检查。建筑行业的劳动强度较大、危险性较高，建筑工人对自身的安全状况比较担忧。但高昂的城市医药费和相对较低的工资水平，使他们很难得到正规医院的治疗，他们在生病时多选择去药店买药进行治疗，并且有部分建筑工人在生病时选择能拖就拖。

（2）社会保障较差。由于外来务工人员队伍规模庞大、身份特殊、地位尴尬、流动性强，导致他们在工作以及工作以外的诸多方面遭受着不平等的待遇，进城务工人员几乎游离于社会保障体系之外。一方面，农民工社保意识淡薄，对社保认知程度低。许多农民工对社保基本政策及有关规定了解得不多、不深、不全面，缺乏自我保护、自我维权意识，特别是在自己工作区域发生变化时主动维持、保留、接续社保关系的意识相对淡薄。另一方面，由于职业具有不稳定性和高度流动性特点，这种流动不但在同一城市内部，还在城市与城市之间、城市与农村之间进行跨地区流动，农民工的社会保障关系也必然跟着流动，这也导致农民工社会保障关系的管理和转移都很困难。

4. 子女教育

建筑行业农民工子女教育问题近年来越来越严重，公立学校不愿意接收农民工子女，城市私立学校收费高昂，农民工无法负担各种收费，一些农民工子弟学校办学质量得不到保障，私人"黑学校"办学条件及办学安全令人担忧，各种外在因素导致农民工子女无学可上，或无钱可上，而且由于建筑业的特点，流动性较强，子女也无法安心学习。在当前读书无用论的思想下，一些建筑工人认为孩子学会简单的数学知识将来会算工钱即可，并不打算让孩子上高等学校，代际贫困现象明显。

第四节　建筑业农民工问题的解决之途

党和政府对农民工问题始终高度重视，近年来出台了《国务院关于解决农民工问题的若干意见》等一系列政策措施，农民工工作取得了重要进展。建筑业农民工权益遭受侵害的范围广、时间长、程度深、影响大，这些问题的积累已经开始显露出对我国政治社会稳定、经济可持续发展、农民工家庭幸福及其个人发展的负面影响。有针对性地解决建筑业农民工问题成为国家发展中事关大局的紧迫问题。

由于我国城乡二元社会结构的长期性、城镇化的过程性、市场经济的趋利性和社会利益结构的凝固性，这使得农民工问题十分复杂。建筑业农民工问题既涉及农民工的共性问题，又有其群体特殊性。问题的解决既要着眼全局和长远，着力完善制度和体制、机制，大力提高已有政策、措施的效力和效率，促进问题的根本解决；又要从该群体的特殊性出发，采取有针对性的措施，力争尽快取得新进展。

1. 以建筑业农民工问题为着重点，将解决农民工问题纳入国家和地方经济社会发展规划之中，纳入常住地公共预算之中

要以贯彻中央《关于加大统筹城乡发展力度，进一步夯实农业农村发展基础的若干意见》为契机，以建筑业农民工市民化作为统筹城乡协调发展的战略目标，将解决农民工问题纳入国家和地方经济社会发展规划。各级政府应以常住人口为基础，把农民工工作纳入国民经济和社会发展的中长期规划和年度计划，明确发展目标、细化阶段任务、保障资源和措施、落实领导和机构分工、完善人员配备。力争建筑业农民工劳动合同签订率达到90%以上，所有城市建立农民工工资支付保障金制度和工资正常增长机制，所有城镇建立农民工"就业—服务—维权—传染病预防"一体化的公共服务中心。将农民工纳入政府公共服务体系，使之享受与城镇职工同城化待遇，逐步实现公共服务统一政策、统一制度、统一管理和统一服务。深入贯彻落实《义务教育法》，落实以输入地为主和以公办中小学为主的政策，加快将农民工随迁子女义务教

育纳入公共教育体系，纳入城市发展总体规划和教育事业发展规划，保障农民工随迁子女接受义务教育权益的落实。

2. 通过试行建筑业农民工城镇落户制度，加快推进城镇化建设

户籍问题是建筑业农民工融入城市的一大瓶颈。中央明确提出统筹城乡发展的战略决策，要求把解决符合条件的农业转移人口逐步在城镇就业和落户作为推进城镇化的重要任务，这为我们从根本上解决农民工问题尤其是建筑业农民工问题指明了方向。当前的过渡措施是：一是逐步剥离附加在户口上的社保、住房、子女教育等社会福利，引导人口有序迁徙流动和就业。二是普遍推广居住证制度，进一步清理取消歧视性规定。三是大力发展县域经济，改善县城和中心镇的就业创业条件和人居环境，加强基础设施建设，提高综合承载能力，促进农民工及其家属向小城镇聚集。通过不懈的努力，力争使我国城镇化率达到80%。

3. 加强对相关法律制度的完善、落实和监管，加大维护建筑业农民工劳动经济权益的力度

进一步完善立法和政策，为解决建筑业农民工问题创造法制环境和制度保障。针对建筑业农民工文化、职业技能的不足，研究建立农村中等职业教育免费教育制度，创新农民工培训机制，鼓励和支持企业开展针对性上岗技术培训；针对恶意欠薪行为，修改刑法，切实落实"恶意欠薪罪"，让恶意欠薪者受到法律的惩罚；针对随迁子女高中阶段教育困境，研究制定农民工随迁子女接受高中阶段教育的方案；针对公共服务享有和传染病预防的薄弱环节，研究制定农民工城市公共服务中心指导意见等。努力提

高建筑业农民工基本社会保险的参保率。加强农民工职业病防治和职业健康保护,抓好农民工安全生产培训教育,严格执行建筑工人持证上岗制度,依法保障建筑业农民工职业卫生和生产安全。

4. 大力提高农民工的社会政治地位,加强对建筑业农民工的人文关怀

加大对农民工的舆论宣传,宣传党和国家关于农民工工作的各项方针政策及农民工所作的重大贡献,引导用工单位认真履行社会责任,进一步营造关心、尊重和爱护农民工的良好社会氛围。畅通农民工利益诉求渠道,保障农民工参与管理社会事务的民主政治权利。积极组织适合建筑业农民工特点的丰富多彩的文体活动,丰富其业余生活,满足他们的精神文化需求。注意加强青年职工特别是建筑业农民工的心理疏导和行为矫正服务,加大对他们心理健康的关注和投入,开展社会关怀活动,帮助他们搞好自我管理、自我调适,缓解心理压力,提高耐挫能力,树立健康向上的生活情趣。关心建筑业农民工的恋爱婚姻问题,为他们组织开展交友联谊活动,为解决婚姻问题创造条件。

5. 进一步探索建筑业农民工维权工作的新机制、新方法,形成社会化的工作格局

建立健全党政主导、工会运作、相关部门协作的社会化维权工作体制,赋予工会更多的资源和手段以维护农民工的合法权益。进一步探索促进建筑业农民工工作的新机制、新方法。按照促进科学发展的要求,建立农民工工作目标责任考核和激励约束机制,把农民工就业培训、收入增长、居住、就医、子女入学和社会保障等基本生活条件改善,纳入到地方政府绩效考核指标体系之中。

鼓励各地根据实情，因地制宜地探索和尝试建筑业农民工就业培训教育、住房改善、户籍制度改革、随迁子女高中阶段教育的新机制和新方法。

6. 各级工会要进一步加大维权的力度，增强对建筑业农民工的吸引力和凝聚力

要以建筑业农民工为重点对象，创新农民工组织形式和入会方式，通过源头入会、劳务市场入会、先入会再组织成建制劳务输出、加强劳务派遣工入会等措施，推进工会组建和发展会员工作，大力推进区域性、行业性基层工会联合会建设，聘用社会化、职业化工会工作者，充分发挥基层工会联合会在组织农民工加入工会中的重要作用，扩大对农民工的覆盖率。积极参与《劳务派遣规定》《企业工资条例》《企业民主管理条例》等涉及农民工切身利益的法律法规和政策的制定，积极反映建筑业农民工利益诉求，提出政策主张，为党和政府科学决策提供参考。进一步推进《劳动合同法》等相关劳动法律和制度的贯彻落实，督促相关部门定期或不定期进行专项检查。积极开展建设学习型组织、争做知识型职工活动，努力提高建筑业农民工的劳动技能和综合素质，培养造就高素质的现代产业工人。

第二章
建筑业农民工劳动合同签订及争议处理

　　劳动合同是劳动者与用人单位之间为确定劳动关系,依法协商达成双方权利和义务的协议。它是建立劳动关系的基本形式,是促进劳动力资源合理配置的重要手段,有利于避免或减少劳动争议。

　　签订劳动合同是国家法律的强制要求,是明确劳动关系的基本前提,没有劳动合同的劳动关系是脆弱的,是经不起风浪考验的,一旦发生劳务纠纷,非常不利于问题解决。建筑业农民工也是劳动者,应该享有与城镇劳动者相等的权益,可是实践中,用人单位真正与他们签订劳动合同的比例不高,这就使建筑工人在与用人单位发生劳动争议时,缺乏有利证据,不利于维护自身的合法权益。

第一节 劳动合同概述

一、什么是劳动合同

劳动合同是劳动者与用人单位之间为确立劳动关系,依法协商达成双方权利和义务的协议。劳动合同应当以书面形式订立,由用人单位和劳动者各执一份。

《劳动合同法》第十条规定,建立劳动关系,应当订立书面劳动合同。已建立劳动关系,未同时订立书面劳动合同的,应当自用工之日起一个月内订立书面劳动合同。在劳动纠纷发生后,劳动者无论是通过行政救济还是司法救济手段去维护权益,劳动合同都是证明双方存在劳动关系的最重要证据,因此劳动者要积极主动地与用人单位签订劳动合同,同时也提醒用人单位一定要在法定期限内与劳动者签订劳动合同,否则将要受到法律规定的惩罚。

根据《劳动合同法》第十七条规定,劳动合同应包括以下内容:
(1)用人单位的名称、住所和法定代表人或者主要负责人;
(2)劳动者的姓名、住址和居民身份证或者其他有效身份证件号码;
(3)劳动合同期限;
(4)工作内容和工作地点;
(5)工作时间和休息休假;
(6)劳动报酬;

(7)社会保险;

(8)劳动保护、劳动条件和职业危害防护;

(9)法律、法规规定应当纳入劳动合同的其他事项。

建筑工人在签订劳动合同时应注意以下方面:

(1)不入"黑工厂";

(2)不用假身份证,入职时如使用假身份证,入职后要及时修改;

(3)不签订空白劳动合同;

(4)明确劳动岗位、报酬标准;

(5)空白处要划去;

(6)任何涉及要签名的文件需要详细阅读,没看到、不清楚或不理解的内容要谨慎对待;

(7)劳动者签署过的合同应自己保留一份,针对现实中用人单位只与劳动者签订一份劳动合同且由单位保存的情况,劳动者应当采取比如复印、扫描、拍照等方式自己复制一份合同。

二、劳动合同有哪几种

按期限,劳动合同分为固定期限劳动合同、无固定期限劳动合同和以完成一定工作任务为期限的劳动合同三种。

固定期限劳动合同,是指用人单位与劳动者约定合同终止时间的劳动合同。

无固定期限劳动合同,是指用人单位与劳动者约定无确定终止时间的劳动合同。

以完成一定工作任务为期限的劳动合同,是指用人单位与劳动者约定以某项工作的完成为合同期限的劳动合同。用人单位与劳动者协商一致，可以订立以完成一定工作任务为期限的劳动合同。

《劳动合同法》第二十六条规定，下列劳动合同无效或部分无效：

（1）以欺诈、胁迫手段或乘人之危，使对方在违背真实意思的情况下订立或变更劳动合同的；

（2）用人单位免除自己的法定责任、排除劳动者权利的；

（3）违反法律、行政法规强制性规定的。

劳动合同如有"工伤自负"、"工作期间不得结婚"、"未经批准不得辞职"等条款，都为无效条款。发生纠纷时用人单位仍应按法律规定负相关责任。

三、什么情况下劳动者可以解除劳动合同

《劳动合同法实施条例》第十八条规定，有下列情形之一的，依照《劳动合同法》规定的条件、程序，劳动者可以与用人单位解除劳动合同：

（1）劳动者与用人单位协商一致的；

（2）劳动者提前30日以书面形式通知用人单位的；

（3）劳动者在试用期内提前3日通知用人单位的；

（4）用人单位未按照劳动合同约定提供劳动保护或劳动条件的；

（5）用人单位未及时足额支付劳动报酬的；

（6）用人单位未依法为劳动者缴纳社会保险费的；

(7)用人单位的规章制度违反法律、法规的规定，损害劳动者利益的；

(8)用人单位以欺诈、胁迫的手段或乘人之危，使劳动者在违背真实意思的情况下订立或变更劳动合同的；

(9)用人单位在劳动合同中免除自己的法定责任、排除劳动者权利的；

(10)用人单位违反法律、行政法规强制性规定的；

(11)用人单位以暴力、威胁或非法限制人身自由的手段强迫劳动者劳动的；

(12)用人单位违章指挥、强令冒险作业危及劳动者人身安全的；

(13)法律、行政法规规定劳动者可以解除劳动合同的其他情形。

四、什么情况下劳动合同期满用人单位也不得终止劳动合同

根据《劳动合同法》第四十二条规定，有下列情形之一的，用人单位不得以"提前三十日书面通知或支付一个月工资"、"经营困难需要裁员"的形式解除劳动合同：

(1)从事接触职业病危害作业的劳动者未进行离岗前职业健康检查，或者疑似职业病病人在诊断或医学观察期间的；

(2)在本单位患职业病或因工负伤并被确认丧失或部分丧失劳动能力的；

(3)患病或者非因工负伤，在规定的医疗期内的；

(4)女职工在孕期、产期、哺乳期的；

(5)在本单位连续工作满十五年，且距法定退休年龄不足五年的；

(6)法律、行政法规规定的其他情形。

合同期满出现以上情形时，劳动合同应当续延至相应的情形消失时终止。其中第(2)项应按工伤保险规定处理，第(3)项应延续到医疗期满，第(4)项应等女职工"三期"届满为止。

劳动者如果在以上情况下被用人单位辞退，可以要求继续履行劳动合同，如果劳动者不要求继续履行合同或合同无法履行的，应要求用人单位支付赔偿金。

五、什么情况下用人单位解除劳动合同应当支付经济补偿金

根据《劳动合同法》第四十六条的规定，有下列情形之一的，用人单位应当向劳动者支付经济补偿金：

(1)劳动者因用人单位未提供劳动保护条件、未足额支付工资、未依法缴纳社保等违法行为解除劳动合同的；

(2)用人单位向劳动者提出解除劳动合同并与劳动者协商一致；

(3)劳动者患病或非因工负伤，在规定的医疗期满后不能从事原工作，也不能从事由用人单位另行安排的工作的，用人单位提前三十日以书面形式通知劳动者本人或额外支付一个月工资后；

(4)劳动者不能胜任工作，经过培训或调整工作岗位，仍不能胜任工作的，单位提前三十日以书面形式通知劳动者本人或额外

支付一个月工资后；

（5）劳动合同订立时所依据的客观情况发生重大变化，致使劳动合同无法履行，经用人单位与劳动者协商，未能就变更劳动合同内容达成协议的，单位提前三十日以书面形式通知劳动者本人或额外支付一个月工资后；

（6）用人单位依照企业破产法规定进行重整，需要裁减人员的；

（7）除用人单位维持或提高劳动合同约定条件续订劳动合同，劳动者不同意续订的外，因劳动合同期满终止固定期限劳动合同的；

（8）用人单位被吊销营业执照、责令关闭、撤销或者用人单位决定提前解散，以及用人单位被依法宣告破产而不能和劳动者继续履行劳动合同的；

（9）法律、行政法规规定的其他情形。

用人单位未能提前30日以书面形式通知劳动者解除劳动合同的，应当支付该劳动者1个月工资作为补偿，此又称代通知金。如果用人单位违反法律规定解除或者终止劳动合同，劳动者可要求用人单位以经济补偿标准的两倍支付赔偿金。

六、什么情况下用人单位解除劳动合同不用支付经济补偿金

根据《劳动合同法》的相关规定，劳动者有下列情形之一的，用人单位解除劳动合同且无需支付经济补偿金：

（1）在试用期间被证明不符合录用条件的；

(2)严重违反用人单位的规章制度的；

(3)严重失职，营私舞弊，给用人单位造成重大损害的；

(4)劳动者同时与其他用人单位建立劳动关系，对完成本单位的工作任务造成严重影响，或经用人单位提出，拒不改正的；

(5)劳动者以欺诈、胁迫的手段或乘人之危，使用人单位在违背真实意愿的情况下订立或者变更劳动合同，致使劳动合同无效的；

(6)劳动者被依法追究刑事责任的；

(7)用人单位无过错，劳动者主动提出解除劳动合同的；

(8)劳动者依法享受退休待遇的；

(9)劳动合同到期终止，劳动者提出不再续订劳动合同的；

(10)劳动者死亡，或被人民法院宣告死亡或者宣告失踪。

劳动者因严重违反用人单位的规章制度而解除劳动合同的，该用人单位规章制度要同时符合以下三个条件：

(1)规章制度的内容必须是符合法律、法规的规定，而且是通过民主程序公之于众的；

(2)劳动者的行为违反了规章制度，并且是属于"严重"违反；

(3)用人单位对劳动者的处理是按照本单位规章制度规定的程序办理，并符合相关法律、法规规定。

七、用人单位违法解除劳动合同后是否应当同时支付经济补偿金和赔偿金

《劳动合同法》第八十七条规定，用人单位违反《劳动合同法》的规定解除或者终止劳动合同，依照经济补偿标准的两倍向劳动

者支付赔偿金。所以，无需同时支付经济补偿金和赔偿金。

八、经济补偿金的计算标准是什么

根据《劳动合同法》第四十七条及《劳动合同法实施条例》第二十七条的规定，用人单位解除劳动合同给予劳动者的经济补偿的工资计算标准是企业在正常生产情况下，劳动者解除合同前12个月的月平均工资。经济补偿金按劳动者在本单位工作的年限，每满一年支付一个月工资的标准向劳动者支付；6个月以上不满一年的，按一年计算；不满6个月的，向劳动者支付半个月工资的经济补偿。补偿金应当一次性发给劳动者。

九、劳动者领取经济补偿金后，还能再领取失业保险金吗

劳动合同解除后，用人单位对符合规定的劳动者应支付经济补偿金，不能因劳动者参加了失业保险而拒付或克扣经济补偿金；失业保险经办机构也不能因劳动者领取了经济补偿金而停发或减发失业保险金。经济补偿金与失业保险金来源不同，发放条件不同，标准不同，功能也不同。经济补偿金由用人单位发放，失业保险金由社会保险经办机构发放，二者不能混同。

十、用人单位解除劳动合同应给而不给予经济补偿金时怎么办

劳动者可以到劳动行政部门投诉，由劳动行政部门责令用人单位支付；或者向劳动争议仲裁委员会申请仲裁。

根据《劳动合同法》第八十五条规定，如果劳动行政部门责令用人单位限期支付经济补偿而逾期不支付的，责令用人单位按应付金额50%以上100%以下的标准向劳动者加付赔偿金。

十一、终止和解除劳动合同应履行什么手续

（1）用人单位应当在解除或者终止劳动合同时出具解除或者终止劳动合同的证明，于十五日内为劳动者办理档案和社会保险关系转移手续，并依照法律规定向劳动者支付经济补偿。

（2）劳动者应当按照双方约定，遵循诚实信用的原则办理工作交接。劳动者对于在用人单位工作期间获知的用人单位的商业秘密，应在劳动合同终止后一定时期内继续保密。如果劳动者与用人单位签订了竞业限制条款，应当遵守约定。原用人单位作为对劳动者放弃部分就业权利的补偿，也应当依照约定向劳动者支付竞业限制补偿金。

十二、劳动者自动离职应承担什么责任

根据《违反〈中华人民共和国劳动法〉有关劳动合同规定的赔偿办法》第四条的规定，劳动者自动离职的，对用人单位造成损失的，应赔偿用人单位下列损失：

（1）用人单位招收录用其所支付的费用；

（2）用人单位为其支付的培训费用，双方另有约定的按约定办理；

（3）对生产、经营和工作造成的直接经济损失；

（4）劳动合同约定的其他赔偿费用。

十三、如何应对用人单位的无理解雇

（1）面临企业解雇，最好取得书面证据，例如解雇通知等。

（2）企业以员工存在工作过错为由提出解雇的，不要轻易签收该处罚或解雇通知，如果签收，应当在该通知单上注明该通知内容不是事实，或不同意字样，并设法保留该解雇通知。

（3）如被拒绝继续工作的，应当通过拍照、录音、摄像等方式保留相关证据。

（4）一旦面临无理解雇，应当保留好相关证据，并立即向劳动部门投诉。

（5）对于在用人单位工作的厂牌、合同、工资条、考勤记录等一定要妥善保存。

（6）如办理离职手续或交接手续的，要写明是被用人单位单方解雇，不能将离职原因写为辞职、离职，也不能不填写。

十四、在劳动合同中应怎样约定违约金

《劳动合同法》第二十二条、二十三条和二十五条规定，员工要求解除或终止劳动合同，仅两种情况要交违约金：一是在公司支付培训费用并约定了服务期限后，员工在约定的服务期内主动离职，应当赔偿违约金；二是在违反竞业限制责任时，员工也应该承担违约责任。

十五、劳动合同无效，如何支付工资

《劳动合同法》第二十八条规定，劳动合同被确认无效，劳动

者已付出劳动的，用人单位应当向劳动者支付劳动报酬。劳动报酬的数额，参照本单位相同或者相近岗位劳动者的劳动报酬确定。另外，《劳动合同法》第二十七条规定，劳动合同部分无效，不影响其他部分效力的，其他部分仍然有效。因此，劳动合同无效或者部分无效，但劳动者已经付出劳动的，仍然可以要求支付报酬。如果因用人单位的过错而导致合同无效，用人单位应当承担赔偿责任。

第二节　签订劳动合同的重要意义

建筑工人与用人单位签订劳动合同，具有相当重要的意义。

首先，它是劳动者实现劳动权的保障。劳动权是法律赋予劳动者的最基本的权利，它是劳动者一切具体劳动权利的基础。劳动者没有工作，就不可能享受劳动报酬权，不可能享受休息休假权，也不可能获得劳动安全卫生保护，甚至劳动权不能实现，会危及劳动者的生存。因此劳动权是公民生存权利的基础，农民工作为新兴的劳动者当然也享有与其他劳动者相同的劳动权。

其次，劳动合同是农民工维护自身合法权益的有力武器。在劳动合同中，农民工与用人单位可以对有关事项进行详细而完备的约定，对于劳动条件、劳动报酬、社会保险、福利待遇等方面，在不低于国家法律规定的最低标准的情况下，尽可能做出有利于农民工的约定，还可以约定违反劳动合同的责任。一旦用人单位违反劳动合同，农民工就可以依据劳动法的规定、劳动合同的约定，请求司法救济或行政救济。

再次，订立书面劳动合同有利于维护用人单位的合法权益。市场经济下，劳动力作为商品进入劳动力市场，用人单位与劳动者经过双向选择，签订劳动合同。用人单位通过劳动合同的方式把自己所需要的劳动者吸纳到本单位，在合同约定的期限内劳动者必须为用人单位进行劳动。在这个过程中，用人单位为吸引优秀劳动者，通过提高报酬、待遇，甚至投资培训劳动者，因此，用人单位有必要，同时也有权利在劳动合同中约定由于对方违反法律规定或合同约定给自己造成损失时，劳动者一方应承担的责任，从而保护用人单位的合法权益。这些具体内容需要用人单位与农民工在书面劳动合同中详细约定。劳动合同不仅是农民工保护自身合法权益的有力武器，同时也是保护用人单位经济利益的法宝。劳动合同使用人单位与农民工产生双赢，农民工可以人尽其才，用人单位则可以物尽其用。劳动合同使劳动力与生产资料更紧密地结合在一起，使劳动生产率得以提高，在总体上促进了整个社会的进步。

最后，订立书面劳动合同可以减少或预防劳动争议的发生。农民工与用人单位签订劳动合同后，双方的权利义务明确了，用人单位和劳动者都必须尽量履行义务，防止因违约而导致责任的发生，从而减少劳动争议的发生。即便发生纠纷，由于合同约定的权利义务明确，相关部门能够迅速地判断劳动争议的责任主体、责任构成，其争议也容易得到解决，从而降低解决劳动争议的成本，劳动合同等于是保护劳动关系双方合法权益的法律文书。

第三节 建筑业劳动合同签订情况不容乐观

一、建筑业企业主要用工形式

建筑业企业使用农民工主要有三种形式：一是农民合同制职工；二是"包工头式用工"，这是建筑业的主要用工形式；三是"劳务企业式用工"，由于我国建筑劳务企业极少，这种用工形式只占很小比例。

二、劳动合同签订情况

1. 劳动合同签订率

总体来说，建筑业农民工劳动合同签订率较低。据统计局公布的调查资料，建筑业农民工劳动合同签订率不到20%。不同的用工形式，使签订劳动合同的情况存在很大差别。对农民合同制职工，企业大多与之签订固定期限的劳动合同。包工头式用工的，包工头与企业签订劳务用工协议，包工头与农民工多为口头协议。劳务企业式用工的，总包、专业承包企业与农民工不发生劳动关系，劳务公司与农民工签订劳动合同的比例也很低，从调查情况看，仅为5%~10%，合同多以完成一定任务为期限，随着任务的完成，合同关系自动终结。

2. 劳动合同内容

建筑业农民工劳动合同内容极不规范、极不全面，更多详细列明的是他们应尽的义务或者是他们应该遵守的工地上的管理规定,至于涉及他们权益的工资、福利、社会保险,还有加班、休假等条款,就没那么详细明确了。个别的劳动合同条款还与法律规定不一致。

造成这种情况主要原因是合同签订双方地位的不平等。建筑行业中农民工供大于求,文化程度普遍较低,技能专业性也不强,其劳动不可替代性较差。在此背景下用人单位处于强势地位,劳动者处于弱势地位,用人单位掌握了签署劳动合同的主动权,自然不愿意签订劳动合同,即使签订所有条款也都是有利于自己的。劳动监管部门处罚力度跟不上是造成劳动合同签订差的又一主要原因。如果政府监管力度加大、处罚力度加大,会显著提高劳动合同的签订率。

三、工资支付情况

建筑业企业对农民工普遍实行计件工资制。在工资水平的确定上,大多参照市场价格执行,一般工人日工资在 100~150 元之间,技术工人在 150~300 元之间。建筑业企业直接招用的农民工,工资能够按月足额发放。通过包工头使用农民工的,主要由承揽施工任务的包工头支付。因受建筑工程施工、验收和结算阶段性的影响,企业普遍采取按月部分支付,年底或工程结算后全部兑付的工资支付办法。农民工急需用钱时,可以向企业预借。

四、存在的问题

1. 用工主体不合法,导致劳动合同签订主体缺失

目前,建筑劳务队伍"有资质无人员、有人员无资质"现象较

为普遍。建筑劳务分包利润率很低，而劳务企业资质标准较高，组建难度大，致使目前建筑市场上承揽工程的大多数劳务队伍没有取得合法资质。从调查情况看，大量无合法劳务分包资质的包工头不具备签订劳动合同的主体资格，尤其是一些承揽工程的包工头直接从社会上招募农民工或从农村家乡带出一批亲朋好友，更不具备签订劳动合同的主体资格，导致农民工劳动合同不规范。同时，由于无组织的零散用工无法实行有效管理，致使少数包工头有机可乘，恶意拖欠农民工工资，给工资追讨工作带来很大困难。

2. 行业特殊性和企业、农民工缺乏积极性，导致劳动合同签订率低

一是建筑业用工具有阶段性和临时性，建筑业农民工具有很强的流动性，这给签订劳动合同带来困难。企业与农民工多以口头协议代替书面劳动合同。二是大部分企业认为，签订劳动合同对农民工的随意性流动不能加以制约，还必须为农民工缴纳各项社会保险费，这样会增加用人单位的管理成本。三是农民工自身文化素质偏低，维权意识不强，认为没有必要签订劳动合同，或担心要求签订合同会影响工作机会的获得。因此，双方对签订劳动合同都缺乏积极性。

3. 双方存在的一些不正确的观点

如今，在劳动关系上双方普遍存在这样一些观点和做法，即劳动者一方认为，现在是劳动力买方市场，如果强行要求用人单位与之订立劳动合同，结果可能是很难找到合适的工作，而且在市场经济条件下，一个有劳动能力的人，如果没有工作，没有劳动收入，他就无法生存。换个角度说，如果与用人单位签订了劳动合同，同样会对自己形成一种约束，不利于以后的再次择业，因此，劳动者一方为了图方便，为了尽快找到工作，保住暂时端在自己手中的饭碗，很多人就放弃了自己本该拥有的权利。

而用人单位一方为了减轻应由他们承担的责任，逃避应由他们履行的义务，往往不主动与劳动者签订劳动合同，一旦劳动者有这方面的要求，他们就会以种种理由拒绝或者拖延，甚至将其辞退，而另行选择雇员。

在广大农民工当中，关于劳动合同的签订，至今还没有引起他们的足够重视。一些建筑工人认为：建筑行业流动性比较大，找个工作也不容易，即使找到工作或许也干不长，根本不用签订劳动合同。再说大家都是农民工，只要能拿到自己应得的工钱，其他什么社会保险、福利待遇等，有没有都无所谓，反正自己家里还有土地，大不了回家种地，只要有力气，根本饿不着，所以也就不值得费那么一道手续。再说了，干活之前已经和用人单位谈好了条件，这应该算是口头劳动合同了吧。正是因为以上各种不正确的观点，导致劳动合同签订率低。

五、建筑业劳动合同(样本)

甲方(用人单位或受委托的项目部)：
地址： 联系电话：

乙方(姓名)：
身份证号码： 现住址：

第三节 建筑业劳动合同签订情况不容乐观

根据《中华人民共和国劳动法》(以下简称《劳动法》)、《中华人民共和国劳动合同法》(以下简称《劳动合同法》)等有关法律法规的规定,甲乙双方遵循合法、公平、平等自愿、协商一致、诚实信用的原则,签订本合同,共同遵守本合同所列条款。

一、合同期限

以完成一定工作任务为期限:从_____年___月___日起至工作任务完成时止。完成工作任务的标志是_____若该工作任务至_____年___月___日仍未完成,除双方另行协议延长合同期限外,双方的劳动合同至该日终止。

二、工作内容和工作地点

乙方的工作内容(岗位或工种):_____

乙方的工作地点:_____

甲、乙双方根据工作需要或乙方的能力和表现,经双方协商一致,甲方可以调动乙方的工作岗位或工种。

三、工作时间和休息休假

(一)甲乙双方同意按综合计算工时工作制确定乙方的工作时间。乙方的具体工作时间,由甲方现场管理人员根据季节气候、工序和实际情况灵活安排,乙方不得怠工或擅自加班。

(二)乙方按正常工作时间出勤工作,甲方由于生产经营需要延长工作时间的,按《劳动法》第四十一条执行。

（三）在正常情况下可以完成的工作任务，由于乙方故意拖延而导致必须加班的，甲方可以拒付加班费。

四、劳动报酬

甲方按工程量计付乙方工资，具体为：_____在此期间，甲方每月发放乙方基本工资_____元。

甲方于每月_____日尽量足额发放上月工资，若因工程量无法及时结算清楚的，甲方至少应发放上月生活费以保障乙方的基本生活需要。

乙方同意甲方从乙方工资中扣减或扣除以下费用和款项：

（1）按法律法规规定应由乙方承担的费用；

（2）所有依据本合同和有关劳动纪律、甲方规章制度规定应由乙方支付的赔偿或罚款；

（3）乙方伙食费和住宿费。

五、社会保险和福利待遇

（一）甲方按照国家和省、市有关规定，为乙方购买工伤保险。乙方因工负伤的，甲方按《工伤保险条例》等有关法律法规的规定执行。

（二）养老保险

甲方将依据国家和省、市地方政府有关社会养老保险规定，与乙方协商并确定其养老保险的购买或处理方案（由乙方在本人户口所在地自行购买保险，应由甲方承担的费用由甲方折合在乙方上述计件工资中一并发放）。

（三）乙方患病或非因工负伤，甲方应按国家和省、市的有关规定给予乙方享受医疗期待遇。

六、劳动保护

甲方根据国家有关法律法规，建立安全生产制度，并按照国家劳动安全、卫生的有关规定为乙方配备必要的安全防护措施，发放必要的劳动保护用品。

乙方应严格遵守甲方的各项规章制度、劳动纪律和安全技术操作规程，严禁违章作业，防止劳动过程中的事故，减少职业危害。

七、规章制度

（一）甲方依法制定的规章制度，应当告知乙方。乙方在签订本合同前应认真阅读甲方的各项规章制度，合同签订后视为乙方已经熟知甲方的各项规章制度并愿意遵守。

（二）乙方应遵守国家和省、市有关法律法规和甲方依法制定的规章制度，服从甲方管理及工作安排，按时完成工作任务，提高职业技能，遵守安全操作规程和职业道德。

（三）乙方自觉遵守国家和省、市计划生育的有关规定。

（四）罚则：

1. 乙方有以下行为者，每次罚款人民币_____元。

（1）迟到、早退超过15分钟；

（2）工作时间在非指定场所吸烟者；

（3）进入施工现场未戴安全帽、穿拖鞋或打赤脚的；

（4）违反安全操作规程。

2. 由于乙方违反操作规程或失职造成的经济损失，乙方应全额赔偿甲方。

八、劳动合同的解除和终止

(一)甲乙双方协商一致,可以解除合同。

(二)乙方提前五天以上三十天以内以书面形式通知甲方,可以解除劳动合同。乙方不得擅自离职。

(三)甲方有下列情形之一的,乙方可以通知甲方解除劳动合同:

1. 未按照劳动合同约定提供劳动保护或者劳动条件的;

2. 甲方以暴力、威胁或者非法限制人身自由的手段强迫乙方劳动的,或者甲方违章指挥,强令冒险作业危及乙方人身安全的。

(四)乙方应严格遵守甲方的各项规章制度、劳动纪律,文明施工管理,安全技术操作规程。乙方有下列情形之一的,甲方可以随时解除劳动合同:

1. 迟到、早退超过15分钟累计达三次的。

2. 未经请假,无故旷工两天的。

3. 不服从甲方正当工作安排的。

4. 工作时间在非指定场所吸烟达三次的。

5. 酒后闹事、酒后上岗的。

6. 有打架斗殴、偷窃、赌博、擅自停工等严重违纪行为。

7. 进入施工现场未戴安全帽、穿拖鞋或打赤脚达三次的。

8. 高空作业时没有系好安全带,在高空中没有扶手的攀沿物上随意走动的。

9. 违反安全操作规程,损坏设备、工具,浪费材料、能源,造成经济损失超过人民币2000元的。

10. 非机械操作人员操作机械的、非电工接驳电源的。

11. 在宿舍内乱搭电线,或使用高功率电器,私设炉灶生火做饭。

12. 乙方被发现在应聘过程中向甲方提供信息和资料(如身份证、婚姻、生育、健康状况、教育学历、工作经历、上岗证、操作证、住址、不良记录等)与事实不符的。

13. 工作质量达不到到相关标准要求的(详见分项工程质量要求)。

14. 严重失职,营私舞弊,给甲方造成经济损失超过人民币2000元。

15. 乙方同时与其他用人单位建立劳动关系。

16. 被依法追究刑事责任和行政责任的。

17. 违反计划生育条例的。

(五)有下列情形之一的,甲方提前三十日以书面形式通知乙方或者额外支付乙方一个月工资后,可以解除劳动合同:

1. 乙方患病或者非因工负伤,在规定的医疗期满后不能从事原工作,也不能从事由甲方另行安排的工作的;

2. 乙方不能胜任工作,经过培训或者调整工作岗位,仍不能胜任工作的;

3. 劳动合同订立时所依据的客观情况发生重大变化,致使劳动合同无法履行,经甲乙双方协商,未能就变更劳动合同内容达成协议的。

(六)有下列情形之一的,劳动合同终止,甲乙双方不存在任何劳动关系。

1. 劳动合同期满的;

2.劳动合同订立时所依据的客观情况发生重大变化,致使劳动合同无法履行,经甲乙双方协商,未能就变更劳动合同内容达成协议的;

3.乙方死亡,或者被人民法院宣告死亡或者宣告失踪的;

4.甲方被依法宣告破产的;

5.甲方被吊销营业执照、责令关闭、撤销或者甲方决定提前解散的;

6.法律、行政法规规定的其他情形。

劳动合同的解除和终止,双方必须签订《劳动合同解除(终止)协议书》,若乙方未签订《劳动合同解除(终止)协议书》而擅自离职者,甲方可扣留乙方未领工资,并不作任何补偿。

甲方在劳动合同终止、解除后三天内应当一次性付清乙方的工资。

九、法律责任

(一)乙方在履行劳动合同期间,因个人失职操作不当、技能问题等给甲方造成损失的,应当承担赔偿责任。

(二)乙方在履行劳动合同期间,必须按甲方要求参加甲方组织的各种专业技术培训。

(三)乙方不得提供假身份证或无效身份证入职,否则造成包括社保、工伤、医疗在内的一切损失由乙方自行承担。

十、其他

(一)甲方的规章制度、安全操作规程、质量要求作为本劳动合同的附件,与劳动合同具有同等法律效力。

(二)本合同未尽事宜或合同条款与现行法律法规规定有抵触的,按现行法律法规执行。

本合同自甲乙双方签字盖章之日起生效,本合同一式两份,甲乙双方各执一份。

甲方:(盖章)　　　　　　　　乙方:(签名及按指印)
法定代表人(主要负责人):
　　　年　月　日　　　　　　　　年　月　日

第四节　劳动合同订立的必要性

对农民工而言,签订劳动合同是维护自身权益的重要手段。如果用人单位没有与自己签订劳动合同,自己一定要主动提出签订书面劳动合同;如果用人单位执意不肯签,则可以向当地劳动保障部门反映情况,由劳动保障部门督促其签订。我国《劳动合同法》第八十二条规定,用人单位自用工之日起超过一个月不满一年未与劳动者订立书面劳动合同的,应当向劳动者每月支付两倍的工资。《劳动合同法》第十四条规定,超过一年未签订书面劳动合同的,一年期满后视为用人单位与员工已经订立无固定期限劳动合同。

用人单位使用农民工,应当依法与农民工签订书面劳动合同,并向劳动保障部门进行用工备案。签订劳动合同应当遵循平等自愿、协商一致的原则,用人单位不得采取欺骗、威胁等手段与农民工签订劳动合同，不得在签订劳动合同时收取抵押金、风险金。劳动合同必须由具备用工主体资格的用人单位与农民工本人直接签订，不得由他人代签。建筑领域工程项目部、项目经理、施工作业班组、包工头等不具备用工主体资格，不能作为用工主体与农民工签订劳动合同。

用人单位与农民工签订劳动合同，应当包括以下条款：

（1）劳动合同期限。经双方协商一致，可以采取有固定期限、无固定期限或以完成一定的工作任务为期限三种形式。无固定期限劳动合同要明确劳动合同的终止条件。有固定期限的劳动合同，应当明确起始和终止时间。双方在劳动合同中可以约定试用期。劳动合同期限半年以内的，一般不约定试用期；劳动合同期限半年以上1年以内的，试用期不得超过30日；劳动合同期限1年至2年的，试用期不得超过60日；劳动合同期限2年以上的，试用期最多不得超过6个月。

（2）工作内容和工作时间。劳动合同中要明确农民工的工种、岗位和所从事工作的内容。工作时间要按照国家规定执行，法定节日应安排农民工休息。如需安排农民工加班或延长工作时间的，必须按规定支付加班工资。建筑业企业根据生产特点，按规定报劳动保障部门批准后，可对部分工种岗位实行综合计算工时工作制。

（3）劳动保护和劳动条件。用人单位要按照安全生产有关规定，为农民工提供必要的劳动安全保护及劳动条件。在农民工上岗前要对其进行安全生产教育。施工现场必须按国家建筑施工安全生产的规定，采取必要的安全措施。用人单位为农民工提供的宿舍、食堂、饮用水、洗浴、公厕等基本生活条件应达到安全、卫生要求，其中建筑施工现场要符合《建筑施工现场环境与卫生标准》的规定。

(4) 劳动报酬。在劳动合同中要明确工资以货币形式按月支付，并约定支付的时间、标准和支付方式。用人单位根据行业特点，经过民主程序确定具体工资支付办法的，应在劳动合同中予以明确，但按月支付的工资不得低于当地政府规定的最低工资标准。已建立集体合同制度的单位，工资标准不得低于集体合同规定的工资标准。

(5) 劳动纪律。在劳动合同中明确要求农民工遵守的用人单位有关规章制度，应当依法制定。用人单位应当在签订劳动合同前告知农民工。

(6) 违反劳动合同的责任。劳动合同中应当约定违约责任，一方违反劳动合同给对方造成经济损失的，要按《劳动法》等有关法律规定承担赔偿责任。

根据不同岗位的特点，用人单位与农民工协商一致，还可以在劳动合同中约定其他条款。

签订劳动合同前，农民朋友要仔细阅读关于相关岗位的工作说明书、劳动纪律、工资支付规定、劳动合同管理细则等规章制度，因为这些文件涉及农民工多方面的权益，当这些文件作为劳动合同附件时，与劳动合同具有同样的法律约束力。

劳动合同至少一式两份，双方各执一份，农民工应妥善保管。如果用人单位事先起草了劳动合同文本，农民工在签字时一定要慎重，对文本仔细推敲，发现条款表述不清、概念模糊的，及时要求用人单位进行说明修订。为稳妥起见，农民工在签订劳动合同前，也可以向有关部门或公共职业介绍机构进行咨询，确认合同相关内容的合法性、公平性。需要特别注意的是，当劳动合同涉及数字时，应当使用大写汉字数字。

农民工在签订劳动合同时，一定不要签订以下五种合同：

（1）口头合同。有的企业不以书面形式与劳动者订立合同，只是口头约定工资、工时等，一旦发生纠纷，双方各执一词，由于缺乏书面文字证据，农民工往往有口难辩。

（2）生死合同。一些危险性行业企业不按《劳动法》的有关规定履行安全卫生义务，在签订合同时要求与劳动者约定"发生工伤概不负责"等条款来逃避责任。对这种情况，农民工可以要求用人单位取消这些条款；如果协商不成，一旦发生事故，农民工可以申请劳动仲裁委员会或人民法院确认这些条款无效。

（3）"两张皮"合同。有的用人单位害怕劳动保障主管部门监督，往往与应聘方签订两份合同，一份用来应付检查，另一份合同才是真正履行的合同，而这份合同往往是只利于用人单位的不平等合同。

（4）押金合同。一些用人单位利用农民工求职心切的心理，在签订合同时收取押金、保证金等名目众多的费用，农民工稍有违反管理的行为，用人单位即"合法"扣留这部分押金。这类合同是法律明文禁止的，农民工可以拒绝；实在无法拒绝，也一定要保留好收据，以备将来维护自己的权利时作为证据。

（5）卖身合同。一些用人单位与农民工在合同中约定"一切行动听从用人单位安排"，一旦签订，农民工就如同卖身一样完全失去行动自由,在工作中被迫加班加点、强迫劳动,甚至遭受任意侮辱、体罚和拘禁。遇到这种情况时,农民朋友不能忍气吞声,要及时向劳动保障监察部门或公安机关投诉举报,维护自己的合法权益。

总之,农民工的劳动合同与其就业权和生存权等基本权利密切相关,因此从签订劳动合同入手,是改善农民工劳动保障条件的关键突破口。加大建筑业农民工合同签订率,政府责无旁贷,首先,应完善相应立法,针对劳务分包企业较少,非法用工行为大量存在的现状,地方应通过立法来积极引导、督促劳务分包企业依法开办。并通过立法严格市场准入管理,规范企业用工,禁止"包工头"等非法用工行为。其次,政府应加强行政职能,各地劳动保障部门要指导和督促建筑业企业与农民工依法签订劳动合同。针对建筑业特殊的用工模式和农民工临时性、流动性的就业特点,建立与之相适应的劳动合同管理制度。特别是对劳动报酬条款,必须明确工资支付标准、支付形式和支付时间等内容。最后,要提高农民工法律意识,加大对农民工的教育、宣传和权益维护力度,针对建筑业农民工组织化程度不高的现状,应开展在建筑业农民工中组建工会工作,并积极帮助农民工追讨工资,配合政府开展解决和预防建设领域拖欠农民工工资问题的各项工作。

【小知识】

承包人与包工头签订的劳务合同有效吗?

首先,和没有劳务作业资质的施工单位签订的劳务分包合同是无效的，是不合法的。虽然现行《建筑法》对劳务分包的问题没有进行明确界定，也没有明确规定劳务分包企业需要一定的资质，但是《建筑法》实际上对劳务分包的资质做出了要求。理由是：首先，劳务分包企业也属于建筑施工企业。《建筑业企业资质管理规定》第5条规定："建筑业企业资质分为施工总承包、专业承包和劳务分包三个序列。"虽然《建筑业企业资质管理规定》属于部门规章，不属于法律、法规，但是《建筑业企业资质管理规定》是建设部颁布的，属于国家政策。我国《民法通则》第6条规定："民事活动必须遵守法律，法律没有规定的，应当遵守国家政策。"因此，劳务分包企业属于建筑施工企业是有法律依据的。其次，劳务分包合同的性质属于建设工程施工合同。劳务作业分包是将简单劳动从复杂劳动剥离出来单独进行承包施工的劳动，因此，总承包人与劳务作业承包人及分包人与劳务作业承包人之间既不是劳务关系也不是劳动合同关系，而是建设工程施工合同关系，劳务作业的性质本质上也属于建设工程施工。我国《建筑法》第26条和第29条规定，建筑施工企业承包工程时应具备相应的资质，既然劳务分包企业属于建筑施工企业，劳务作业的性质本质上也属于建设工程施工，那么，劳务分包企业承包劳务作业当然也应该具备相应的资质，所以《建筑法》实际上对劳务成本的资质做出了要求。

我国《建筑法》第26条规定："承包建筑工程的单位应当持有依法取得的资质证书，并在其资质等级许可的业务范围内承揽工程。禁止建筑施工企业超越本企业资质等级许可的

第四节 劳动合同订立的必要性

业务范围或者以任何形式用其他建筑施工企业的名义承揽工程。禁止建筑施工企业以任何形式允许其他单位或者个人使用本企业的资质证书、营业执照,以本企业的名义承揽工程。"第29条第1款和第3款规定:"建筑工程总承包单位可以将承包工程中的部分工程发包给具有相应资质条件的分包单位;但是,除总承包合同中约定的分包外,必须经建设单位认可。施工总承包的,建筑工程主体结构的施工必须由总承包单位自行完成。禁止总承包单位将工程分包给不具备相应资质条件的单位。禁止分包单位将其承包的工程再分包。"同时相关补充条款规定:"建设工程施工合同具有下列情形之一的,应当根据《合同法》第五十二条第(五)项的规定,认定无效:(一)承包人未取得建筑施工企业资质或者超越资质等级的;(二)没有资质的实际施工人借用有资质的建筑施工企业名义的;(三)建设工程必须进行招标而未招标或者中标无效的。"因此,和没有劳务作业资质的施工单位签订的劳务分包合同是无效的,是不合法的。所以,在前提不成立即合同无效的情况下,讨论是以包工头的名义签订还是以施工队的名义来签订劳务分包合同就没有意义。当然如果该施工队伍有相应的劳务作业资质,那么签订劳务分包合同依法应该以施工队的名义来签订,而不能用包工头个人的名义来签订劳务分包合同。因为合同的主体之一应该是有资质的整个施工队,而不是包工头个人。

(来源:建筑律师网 www.jianzhulvshi.com.cn)

第三章
建筑业农民工工资支付及维权

第一节 用人单位应依法合理
支付劳动者工资

一、什么是工资,工资的组成部分有哪些

工资是指用人单位依据国家有关规定和劳动关系双方的约定,以货币形式支付给员工的劳动报酬。

工资一般包括计时工资、计件工资、奖金、津贴和补贴、延长工作时间的工资报酬以及特殊情况下支付的工资。但用人单位支付给劳动者个人的社会保险福利费用、丧葬抚恤救济金、生活困难补助费、计划生育补贴、劳动保护方面的费用等不属于工资范围。

工资支付周期可以按月、周、日、小时确定，最长不能超过一个月。实行计件工资制或者以完成一定任务计发工资的，工资支付周期可以按计件或者完成工作任务情况约定，但支付周期超过一个月的，用人单位应当按照约定每月支付工资。实行年薪制或者按考核周期支付工资的，用人单位应当按照约定每月支付工资，年终或者考核周期届满时应当结算并付清工资。

劳动者在签收工资条时应注意以下方面：

（1）一定要仔细核对工资条，对于不正确的项目要及时指出来；

（2）不签收假工资条；

（3）工资条应妥善保存。

二、劳动者依法享有哪些劳动福利

除工资外，依照规定，劳动者还依法享有以下劳动福利：年休假、探亲假、婚假、丧假、产假、看护假、节育手术假等假期，且用人单位应当视为提供正常劳动并支付工资。

《工资支付暂行规定》第五条规定，工资应当以货币形式支付，不得以实物及有价证券替代货币支付。

三、劳动合同中应当约定哪些工资支付内容

用人单位与劳动者签订的劳动合同，应当根据国家有关规定和本单位的工资支付制度，明确约定劳动者所在岗位相对应的工资支付内容。包括：

（1）工资支付标准：应约定具体金额。

(2)支付项目：约定采取计时工资、计件工资等形式。

(3)支付时间：应明确具体在哪一天。

(4)双方约定的其他工资事项。

四、用人单位应该按时足额支付工资

《劳动法》中的"工资"是指用人单位依据国家有关规定或劳动合同的约定，以货币形式直接支付给本单位劳动者的劳动报酬，一般包括计时工资、计件工资、奖金、津贴和补贴、延长工作时间的工资报酬以及特殊情况下支付的工资等。

《劳动法》及《工资支付暂行规定》对用人单位支付工资的行为做出了具体规定：(1)工资应当以法定货币(即人民币)形式支付，不得以实物及有价证券替代货币支付。(2)用人单位应将工资支付给劳动者本人；本人因故不能领取工资时，可由其亲属或委托他人代领。(3)用人单位可直接支付工资，也可委托银行代发工资。(4)工资必须在用人单位与劳动者约定的日期前支付。如遇节假日或休息日，应提前在最近的工作日支付。工资至少每月支付一次，实行周、日、小时工资制的可按周、日、小时支付工资。对完成一次性临时劳动或某项具体工作的劳动者，用人单位应按有关协议或合同规定在其完成劳动任务后即支付工资。劳动关系双方依法解除或终止劳动合同时，用人单位应在解除或终止劳动合同时一次性付清劳动者工资。(5)用人单位必须书面记录支付劳动者工资的数额、时间、领取者的姓名以及签字，并保存两年以上备查。

五、用人单位不得无故拖欠劳动者工资

《劳动法》以及《违反〈中华人民共和国劳动法〉行政处罚办法》

等规定，用人单位未及时足额支付劳动报酬、加班费；逾期不支付的，由劳动保障行政部门责令用人单位按应付金额50%以上100%以下的标准向劳动者加付赔偿金。

"无故拖欠工资"是指用人单位无正当理由超过规定付薪时间未支付劳动者工资。但是，以下几种情况不属于"无故拖欠"工资：(1)用人单位遇到非人力所能抗拒的自然灾害、战争等原因，无法按时支付工资；(2)用人单位因生产经营困难、资金周转受到影响，在征得本单位工会同意后，可暂时延期支付劳动者工资，延期时间的最长限制可由省、自治区、直辖市劳动行政部门根据各地情况确定。

六、在劳动者提供正常劳动的情况下，用人单位支付的工资不得低于当地最低工资标准

最低工资标准，是指劳动者在法定工作时间或依法签订的劳动合同约定的工作时间内提供了正常劳动的前提下，用人单位依法应支付的最低劳动报酬。不包括加班费和其他福利、津贴。

最低工资标准一般采取月最低工资标准和小时最低工资标准两种形式，月最低工资标准适用于全日制就业劳动者，小时最低工资标准适用于非全日制就业劳动者。根据《劳动法》《最低工资规定》等规定，在劳动者提供正常劳动的情况下，用人单位应支付给劳动者的工资在剔除下列各项以后，不得低于当地最低工资标准：(1)延长工作时间工资；(2)中班、夜班、高温、低温、井下、有毒有害等特殊工作环境、条件下的津贴；(3)法律、法规和国家规定的劳动者福利待遇等。

实行计件工资或提成工资等工资形式的用人单位,在科学合理的劳动定额基础上,其支付劳动者的工资不得低于相应的最低工资标准。

正常劳动,是指劳动者按依法签订的劳动合同约定,在法定工作时间或劳动合同约定的工作时间内从事的劳动。劳动者依法享受带薪年休假、探亲假、婚丧假、生育(产)假、节育手术假等国家规定的假期间,以及法定工作时间内依法参加社会活动期间,视为提供了正常劳动。

用人单位违反以上规定低于当地最低工资标准的,由劳动保障行政部门责令限期支付差额部分;逾期不支付的,责令用人单位按应付金额50%以上100%以下的标准向劳动者加付赔偿金。

七、用人单位安排劳动者加班加点应依法支付加班加点工资

《劳动法》以及《违反〈中华人民共和国劳动法〉行政处罚办法》等规定,用人单位安排劳动者加班加点应依法支付加班加点工资。用人单位拒不支付加班加点工资的,由劳动保障行政部门责令限期支付加班费,逾期不支付的,责令用人单位按应付金额50%以上100%以下的标准向劳动者加付赔偿金。

支付加班加点工资的标准是:(1)安排劳动者延长工作时间的(即正常工作日加点),支付不低于劳动合同规定的劳动者本人小时工资标准的150%的工资报酬;(2)休息日(即星期六、星期日或其他休息日)安排劳动者工作又不能安排补休的,支付不低于劳动合同规定的劳动者本人日工资标准的200%的工资报酬;(3)法定

休假日(即元旦、春节、国际劳动节、国庆节以及其他法定节假日)安排劳动者工作的,支付不低于劳动合同规定的劳动者本人日工资标准的300%的工资报酬。

劳动者日工资可统一按劳动者本人的月工资标准除以每月制度工作天数进行折算。职工全年月平均工作天数和工作时间分别为20.92天和167.4小时,职工的日工资和小时工资按此进行折算。

第二节 建筑企业拖欠农民工工资情况严重

根据《建设领域农民工工资支付管理暂行办法》的规定,建筑业企业必须严格按照《劳动法》《工资支付暂行规定》和《最低工资规定》等有关规定支付农民工工资,不得拖欠或克扣。企业应当根据劳动合同约定的农民工工资标准等内容,按照依法签订的集体合同或劳动合同约定的日期按月支付工资,并不得低于当地最低工资标准。具体支付方式可由企业结合建筑行业特点在内部工资支付办法中规定。

建筑企业应将工资直接发放给农民工本人,严禁发放给"包工头"或其他不具备用工主体资格的组织和个人。工程总承包企业应对劳务分包企业工资支付进行监督,督促其依法支付农民工工资。业主或工程总承包企业未按合同约定与建设工程承包企业结清工程款,致使建设工程承包企业拖欠农民工工资的,由业主或工程总承包企业先行垫付农民工被拖欠的工资,先行垫付的工资数额以未结清的工程款为限。企业因被拖欠工程款导致拖欠农民工资的，企业追回的被拖欠工程款，应优先用于支付拖欠的农民工工资。

尽管国家为解决建筑业工资拖欠问题用心良苦，出台了多项制度及措施，但从实际执行情况来看，建筑业农民工工资拖欠情况依然严重，建筑业工资拖欠成为常态，每到年终我们总是能从新闻上看到民工的各种"跳楼秀"。

一、建筑施工企业劳动用工现状

1. 工资支付情况

由建筑施工企业直接招用的工人，工资基本能够按月足额发放。然而项目部(俗称重包或大包工头)一般不直接雇佣农民工，而是采取劳务分包给作业队或工班长(俗称包工头)的方式，通过工班长使用农民工。工资支付由项目部根据工程分包协议将工资款拨付给作业队或工班长，再由工班长支付给农民工。因受建筑工程施工、验收和结算等阶段性的影响，目前普遍采取按月支付部分工资(生活费)，年底或工程结束后，项目部与作业队或工班长最终结算，并支付剩余工程款，再由作业队或工班长根据工作量将工资发放给农民工。

2. 对农民工日常管理情况

目前，建筑施工企业主要采取项目负责制，项目经理全权负责项目的日常管理工作，项目经理与作业队或工班长发生劳务承包关系，作业队或工班长再与专业劳务人员(主要是农民)发生劳动用工关系。对于农民工日常管理工作主要是依靠作业队或工班长进行，管理链为：企业→项目经理→作业队或工班长→农民工，在整个建筑工程管理链中，农民工处于最下端。但个别作业队或工班长还存在再次分包现象，出现三包四包情况。由于项目部缺乏对农民工的直接管理，不能准确掌握农民工工资的发放情况，导致部分工班长拿到工资后逃逸，从而造成农民工拿不到工资事件的发生。

3. 建筑施工企业用工形式

前文已经讲过，建筑施工企业用工主要有三种形式：一是合同制职工，主要是公司和项目管理人员；二是劳务企业用工（具有劳动用工主体资格），但数量不多；三是作业队或工班长式用工，这是目前建筑业主要用工形式。目前，建筑施工企业决策管理层与劳务作业层已逐步分离，从事一线建筑劳务作业的基本上是农民工，是由作业队或工班长组织来的非成建制劳务队伍。

4. 劳动合同签订情况

由于建筑施工企业采取项目分包方式，将工程项目承包给项目经理，项目经理再将工程劳务分包给作业队或工班长，从而导致建筑施工企业主动与农民工签订劳动合同率低，对项目工程施工中使用农民工情况不清楚，而农民工是直接由作业队或工班长直接雇佣的，与施工企业有什么约定他们并不关心。近年来，劳动保障部门加强了对建筑领域劳动用工的执法监察，劳动合同签订率逐年提高，但由于建筑企业多是施工队或工班长式的用工，作业队或工班长与农民工又多为口头协议，约定从事的工作、要求、数量、工资待遇，一般不签订书面协议，施工企业与农民工签订劳动合同仍流于形式。

二、建设领域拖欠工程款情况严重

建设领域拖欠工程款的现象越来越严重,其中在拖欠工程款中以房地产开发工程和政府投资工程最为突出。据国家统计局统计,2013年全国房地产开发项目拖欠工程款6333亿元,占全国拖欠工程款的39.6%,政府投资工程拖欠工程款1898亿元,占全国拖欠工程款的26.7%,拖欠农民工工资现象近年来愈演愈烈。据统计,截至2015年,全国共拖欠农民工工资总额高达836亿元,严重损害了广大农民工的切身利益,已经成为舆论广泛关注的社会问题。

据新华社的调查统计,在接受调查的农民工中,有72.5%的受访对象表示他们的工资不同程度地遭到拖欠,其中28.8%的人反映从未按时拿到过工资。

三、拖欠成因分析

农民工工资被拖欠有两种情况:一是建设单位将工程款如数付给了施工企业,而承包商或包工头恶意拖欠、私吞农民工血汗钱;二是建设单位不按期将工程款付给施工企业,造成施工企业资金链断裂,从而使雇佣的农民工无法按时拿到工钱。据统计,建设领域拖欠农民工工资,只有10%属于恶意拖欠,其余90%都是因为建设单位拖欠施工企业工程款,导致施工企业拖欠农民工工资。所以农民工工资拖欠是工程款这个债务大链条中的一环,其根源是工程款拖欠。而工程款拖欠的根本原因是整个建筑行业的市场秩序混乱,信用缺失现象严重。具体来说,有以下几方面原因：

1. 建设领域工程建设管理不规范、层层转包等违规现象普遍

很多建筑企业本身没有施工队伍，日常主要业务只是洽谈项目，取得项目后，有些建筑企业违法转包给没有资质或用工主体的包工头，开发商、建筑企业、包工头、农民工之间形成相互依存的利益链条。这一链条任何一个环节出现问题，处于末端的农民工就可能遇到欠薪问题。

2. 资金链条薄弱

部分开发商与建筑企业工程款结算不及时，工程往往由建筑公司垫资建设，造成建筑企业资金紧张，农民工工资按时足额支付得不到保证。人社部明确要求"不得以工程款未到位为由拖欠农民工工资"，但是个别建筑企业仍以工程款未到账为借口，拖欠农民工工资。

3. 农民工劳动合同管理混乱

因建筑行业普遍存在违法违规层层分包、转包现象，建筑施工企业将工程发包给不具备用工主体资格的组织和自然人(即包工头)，包工头因管理混乱普遍不与农民工签订劳动合同，有些包工头与农民工签订劳动合同收取抵押金、风险金，出现劳动纠纷时，建筑施工企业用人单位推卸责任，不承认与农民工劳动者存在劳动关系，把用工主体责任推给包工头。包工头拿到工程款后，往往以没有收到工程款为借口，扣押农民工工资甚至携款逃逸，引发欠薪问题。

4. 建筑施工企业内部管理不规范

施工企业缺乏劳动保障相关管理制度，随意用工，管理混乱，不建立职工花名册，工资发放没有工资支付凭证，不向劳动者发放工作证、厂牌，招聘没有登记表、报名表，有些甚至不记考勤，不参加养老、医疗、工伤保险等。在工资支付上往往只是每月发放一定金额的生活费，剩余工资待工程结束或年底一次性付清，存在较大欠薪隐患。

5. 农民工依法维权意识不强

经调查了解，农民工的文化程度大多在初中及以下水平。由于文化水平偏低、缺乏基本法律常识，加之建筑施工企业为逃避责任和风险只与农民工口头约定工资待遇，农民工缺乏维权证据，出现欠薪只能上访或暴力讨薪。

6. 工资支付制度和方式不完善

在农民工工资支付制度上虽有明文规定，但在实际操作中，农民工工资支付保证金制度在建设领域未得到很好落实。另外，在支付方式上，虽然国家明令要求企业将工资直接发放给农民工本人，但目前大部分施工企业仍是通过包工头支付工资。

总之，拖欠工程款、通过包工头支付是农民工工资拖欠的主要原因。建筑企业由于拿不到工程款，无法保证农民工工资的足额支付。工程款分"步、项"结算的方式，导致建筑业农民工工资难以按月足额支付。而包工头参与劳务分包是造成工资拖欠的另一主要原因。大量无法人资质的包工头参与建筑工程劳务分包，使用工管理、工资支付和权益保护等各项监管措施难以有效落实，最终导致建筑劳务市场秩序混乱，用工不规范。有的包工头领取工程劳务费后，先用劳务费垫付辅料费，剩余部分发放农民工工资；有的包工头拿到劳务费后故意克扣，甚至一走了之，造成农民工工资难以及时足额发放。

四、案例

工程层层转包　农民工工资难要

年年干活年年欠，年年欠薪年年讨——这就是建筑领域一些农民工的真实状态。记者调查发现，垫资揽活、层层转包等建筑领域不规范行为是导致欠薪高发的重要原因，究其根本是国家很多规范建筑行业的政策没有得到真正落实。

层层转包、层层扒皮

层层转包、层层扒皮，已是建筑行业公开的秘密。一个建筑项目从甲方到乙方，再到大包、二包直至最底层的农民工，不知经过几手。农民工处于金字塔的最底层，也是整个利益链条的末梢。层层转包导致这一利益链条中任何一环出了问题，农民工就会"躺着中枪"。

前不久，农民工张来喜等27人来到江西省鹰潭市劳动监察局投诉，称在金光道集体经纬建筑公司做工被拖欠工资9万元。经查，这是一起层层转包导致欠薪的典型案例。

施工单位金光道公司将木工工程发包给不具备用工主体资格的颜乐龙、张建良施工，颜乐龙、张建良又将该工程转包给鲁三丰、张金龙施工。因鲁三丰、张金龙合作出现问题等原因工程无法继续施工，导致涉及拖欠农民工工资9万元。

为此，劳动监察人员及时约谈施工单位负责人和各包工头，当晚张来喜等人在劳动监察局办公室领到了被拖欠工资9万元。

记者采访了解到，尽管有关部门早在2005年就印发了《关于建立和完善劳务分包制度发展建筑劳务企业的意见》，要求用三年时间，在全国建立基本规范的建筑劳务分包制度，包工头承揽分包业务基本被禁止。但实际上，层层转包不仅没有改变，并且还滋生了新的食利环节——劳务公司。

根据相关规定，建筑公司只能将劳务承包给有资质的劳务公司，而目前的劳务公司往往只是一块牌子。劳务公司的出现并没有从根本上改变建筑业的用工方式，只是在包工头之上又多了一级分包而已。

在采访的多起欠薪案件中，记者注意到均有劳务公司的影子，但劳务公司在其中只是幌子，他们既不能保障农民工工资不被拖欠，又很难出面帮助农民工讨薪，他们往往只是从更大一级的包工头那里收取挂靠费用而已。

一些包工头告诉记者，除了收费，劳务公司什么都不管，"甚至挂靠在劳务公司的农民工都不知道自己是这家公司的"。

不垫钱就拿不到活儿

一些业内人士表示，建筑领域层层转包的规则，衍生出了建设单位垫资的怪象，这也是导致欠薪的重要原因。

记者日前接到云南一家建筑公司被开发商拖欠工程款和农民工工资的投诉。这家公司的负责人说，2014年接到工程后，从施工至今已垫资近4000万元。虽然工程还没有完工，但开发商和公司对工程量产生了争议。目前经过评估后,对方没有归还的款项还有2000多万元,其中包括200多个农民工的工资,但工程款和农民工工资是打包在一起。"开发商不付款,我们也就没有钱付给包工头,农民工也拿不到钱。就这样一个坑一个,到最后只有让农民工去闹闹,否则有什么办法?"这家建筑公司的负责人说。

沈阳市"民亿苹果树"项目工地的包工头安国明刚刚拿到了拖欠半年多的16万元工程款。"我是最底层的包工头。大包不给我工钱,为了揽到活儿,我们也得干。"安国明说,平时是自己给工人按月发放生活费,带了20多个农民工,几个月下来垫付了五六万元钱。

不垫钱,就拿不到工程,这已成为建筑业另一公开的行业潜规则。以建设一栋七层普通住宅为例,如果建筑费用需要1000万元,但是开发商以不到100万元的启动资金就能开工。建筑公司、大包工头、小包工头会逐级垫付。建筑公司可以到砖场去赊砖,到水泥厂赊水泥,然后再分包给下面的包工头。而到了农民工这里,则是垫付了自己的劳动和工资。

有令难行,监管需加力

专家表示,欠薪事件高发和频发,既是建筑行业粗放生产方式的体现,也反映出政府职能部门需要严格依规执法。

例如,对于层层转包现象,我国建筑法有明确规定,禁止承包单位将其承包的全部建筑工程转包给他人,禁止承包单位将其承包的全部工程肢解以后以分包的名义分别转包给他人。采访中,一些劳动监察部门负责人表示,国家规定工程建设领域用工需通过劳务公司，而这却成为很多空壳公司的生财之道。

江西省社科院法学研究所所长程关松说，当前劳务公司多扮演中介角色，一旦发生欠薪事件，多做"甩手掌柜"，这背离了国家对劳务公司的有关规定。

一些小包工头表示，希望能进入一个正规的劳务公司，有保险，按时领工资，不用担惊受怕拿不到工钱。辽宁社会科学院研究员张思宁认为，要提高开办劳务公司的门槛，把农民工纳入劳务公司内变成工人，从而消除长期存在的层级分包现象。

为防范出现欠薪情况，近年来各地都建立了"保证金"制度，即开发商和建筑企业按照工程总造价款缴纳一定比例的保证金，一旦企业出现欠薪即可动用保证金予以先行向农民工支付。但记者采访发现，由于种种原因，有的地方政府发现欠薪情况也没有启动保证金，从而导致讨薪事件频发。

（来源：河南法制报 2014 年 1 月 17 日）

第三节　建筑业农民工工资拖欠解决之道

目前，大多数建筑施工企业、项目部对施工队伍采取"以包代管"的管理模式，建筑施工企业将劳务分解、承包给若干个不具备劳动用工主体资格的专业作业队或工班长，由作业队或工班长招募家乡的老乡进行施工。有的作业队或工班长甚至又将劳务分包给他人，形成了层层分包现象，导致用人管理十分混乱。建设单位在资金不到位或资金不足的情况下,仍急于施工。建筑施工企业需要垫付大量资金才能运转,当没有足够的资金支付给作业队或工班长时,就不得不采取每月只发部分工资(生活费),工程完工后或年底再进行结算的办法来支付剩余工资。

由于建设工程的工期一般较长,造成拖欠工资的时间也较长,有时甚至出现农民工干了两三年仍拿不到全部工资的现象,从而形成了建设单位拖欠施工企业工程款、施工企业拖欠作业队或工班长劳务费、作业队或工班长拖欠农民工工资的层层拖欠现象。工程建设转包、分包过多,造成支付环节及利润分配次数较多,是导致农民工工资被克扣或拖欠的重要原因。解决建筑业农民工工资拖欠问题十分复杂,需要综合发力,从目前治理建设领域拖欠农民工工资的实效来看,仅靠人社部和住建部门很难彻底解决问题,还需要法院、检察院、公安等部门的联动配合,联合处置突发性欠薪事件。同时,还应建立欠薪报告制度和企业用工备案制度。

一、加大法律法规宣传与舆论监督力度,引导农民工依法维权

要以维护农民工工资权益为宣传重点,加强企业和农民工的法制宣传教育,引导农民工依法维护权益的意识。劳动监察部门应会同住建、公安等部门,要求辖区内所有招用农民工较多的建筑工地,以醒目的方式竖立劳动保障权益告示牌,将企业应与农民工签订劳动合同、农民工工资应按月发放、当地最低工资标准以及劳动保障监察举报电话和地址等内容进行公示。加强对守法

诚信的建筑施工企业的宣传和鼓励，坚持舆论导向，正确引导。对拖欠农民工工资的用工单位和群体突发性讨薪行为的典型案件进行曝光，使劳动者认识其采取堵门堵路、扰乱社会正常秩序等极端手段的违法性和社会危害性。

二、加强对项目资金的有效监督，防止拖欠工程款

要严格执行项目资本金制度，严格审查建设单位的建设资金到位情况，对于资金不到位或严重不足的项目要坚决停止招标。政府相关部门要加强建设资金使用情况的动态管理，防止和避免验资报告不实或虚假验资，从项目前期到项目施工过程，建立起一套预防拖欠工程款的有效监督机制和制约机制。可规定一定期限，如建设单位不按期支付工程款，可责令施工企业停止施工，并规定造成的损失由建设单位承担。住建部门对建筑市场中垫款施工和层层转包、非法挂靠、工程假投标和围标等行为进行全面清理整顿，对建筑工程资金到位情况和工程承包、转包和分包等行为加强执法监督，杜绝建筑单位垫款施工和非法工程转包、分包等行为，有效预防因工程款纠纷引发拖欠农民工工资问题或以讨要农民工工资为名，通过上访等讨要工程款的群体性突发事件发生。

三、强化建筑市场管理，杜绝建筑施工企业违法操作

目前，建筑市场竞争激烈，建筑施工企业带资垫资承接工程成为必要条件，建筑工程违法转包、分包现象屡禁不止。要采取

有力措施坚决杜绝无资质企业和个人承揽建筑工程，制止建筑施工企业层层转包、分包，严厉查处违法分包和违法挂靠行为。对建筑施工企业违规操作，造成拖欠农民工工资的，要在市场准入方面进行限制。

四、明确工资支付责任

2004年，国务院78号文件明确规定，农民工工资支付必须坚持"谁承包、谁负责"的原则，总承包企业对所承包工程的农民工工资支付全面负责，分包企业对分包工程的农民工工资支付直接负责。施工单位应将工资直接发放给农民工本人，严禁发放给包工头或其他不具备用工主体资格的组织和个人。支付农民工工资应编制工资支付表，如实记录支付单位、支付时间、支付对象、支付数额等工资支付情况，并保存两年以上备查。工程总承包企业应对劳务分包企业工资支付情况进行监督，督促其依法支付农民工工资。

因建设单位或工程总承包企业未按合同约定与建设工程承包企业结清工程款，致使承包企业拖欠农民工工资的，由建设单位或工程总承包企业先行垫付被拖欠的农民工工资。因工程总承包企业转包、违法分包工程造成拖欠农民工工资的，由工程总承包企业承担全部责任，并先行垫付农民工被拖欠的工资。承包企业因拖欠工程款导致拖欠农民工工资的，企业追回的被拖欠工程款，应优先用于支付拖欠的农民工工资。

五、建立农民工工资保证金制度，防患欠薪于未然

目前，在建筑市场不太规范，建设单位和施工企业违规现象

时有发生的情况下，建立农民工工资保证金制度很有必要。农民工工资保证金(以下简称"保证金")是指在工程开工之前由建设工程项目审批行政部门负责通知并监督建设单位按照工程合同价款的3%向劳动保障部门指定的银行专户存储的工资专项资金。如果建筑施工企业无法按时足额支付农民工工资，建设行政部门直接扣除工资保证金，用来支付农民工工资。对拒绝缴纳保证金的施工单位，建设主管行政部门不批准开工建设。施工企业缴纳保证金不足的要继续缴纳工资保证金，拒绝缴纳的，建设主管行政部门有权责令暂停施工。对于出现或发生恶意拖欠、克扣农民工工资并造成重大社会影响的建筑施工企业，若再次发生拖欠农民工工资问题，适度提高农民工工资保证金存缴比例，从源头上遏制欠薪引发集体上访等社会问题。

在建设领域，建筑施工企业垫资现象普遍存在，多数工程主体已建到第二、三层后，建设单位才开始拨付工程款，使得施工企业成本增加、资金紧张，在建设施工企业遇到资金困难的时候往往转嫁到农民工身上，出现拖欠农民工工资问题。因此，要规定建设单位与施工企业双方，在拖欠农民工工资范围内共同承担连带责任。

六、加强对建筑施工企业劳动用工管理

企业是劳动用工的主体，依据劳动保障法律、法规，没有劳动用工主体资格的施工队、作业队或个人的用工属非法用工，建筑施工企业分包、转包产生的劳动纠纷和违反劳动保障法律、法规的后果要由建筑施工企业承担责任。施工单位必须依法与农民

工本人签订劳动合同,并向劳动保障部门办理用工备案。劳动合同中应明确工资支付标准、方式和时间。劳动合同签订后,双方当事人应各执一份,施工单位不得代为保管属于劳动者持有的劳动合同。不具备用工主体资格的工程项目部、项目经理、施工作业班组、包工头等,不能作为用工主体与劳动者签订劳动合同。施工单位必须依法参加社会保险,执行国家有关工资支付规定,按月足额支付农民工工资,并直接支付给农民工本人。

七、建立齐抓共管工作机制,规范企业用工行为

1. 加强对建筑施工企业的执法监察

要开展经常性的日常巡查、专项检查以及多部门联合检查,对检查中发现的违反劳动保障法律、法规,拖欠农民工工资的违法行为,要依法查处,并不断加大处罚力度。

2. 建立农民工实名制管理制度

施工单位要对农民工实行实名制管理,做好用工登记、日常考勤等工作。项目开工前要将用工人员名单报建设行政主管部门和人社部门备案,项目开工时要在施工现场出示用工人员基本情况。

3. 及时受理农民工投诉、举报拖欠工资案件

劳动保障部门对拖欠农民工工资的建筑施工企业要责令限期整改,对逾期不执行整改的要予以行政处罚,对因违法转包、分包造成的劳动纠纷和出现拖欠工资的,要由建筑施工企业承担连带责任或全部责任。

4. 加强与相关部门协调配合，建立快速联动机制

为根治"讨薪难"，2011年5月1日《刑法修正案（八）》正式实施，给拒不支付劳动报酬的行为"上刑"，定为拒不支付劳动报酬罪，对直接责任人处3年以上7年以下有期徒刑，并处罚金。2013年1月22日最高人民法院发布的《关于审理拒不支付劳动报酬刑事案件适用法律若干问题的解释》明确了定罪量刑具体标准。对拒不支付一名劳动者3个月以上的劳动报酬且数额在5000元以上的行为，直接以拒不支付劳动报酬罪追究其刑事责任。

八、充分发挥工会作用，维护农民工合法权益

针对建筑业农民工组织化程度不高的现状，工会组织应充分发挥作用，加强对农民工权益保护情况的调查研究，开展在建筑业农民工中组建工会工作，加大对农民工的教育、宣传和权益维护力度，并积极帮助农民工追讨工资。由于农民工工会是一个分工明确、责任到位的组织，而且是可以与雇主相抗衡的社会力量，可以消除"搭便车"行为，实现集体行动。此外还可降低农民工讨薪维权的成本，如果发生拖欠农民工工资，农民工可以通过举报来维护自己的合法权益。工会接到举报后，会协同其他监管部门采取措施来维护农民工的权益。

此外，还应建立工程建筑企业信用档案数据库，对违反国家工资支付规定拖欠或克扣农民工工资的企业，应记入信用档案数据库，并在网上进行公示。建设行政主管部门可依据企业的不良信用记录对市场准入、招投标资格和新开工项目施工许可等进行限制；银行等金融机构可依据企业的不良记录减少授信额度或取

消授信。

　　建设领域法制不完备和执法不严,建筑市场供求失衡,市场主体行为不规范,以及部分地区不切实际搞"形象工程"和"政绩工程"等也是造成拖欠工程款和农民工工资问题的原因之一。因此,除了要建立健全的信用体系,改变整个行业的信用缺失外,完善相关的法律法规体系,严格工程建设项目立项和建设程序的审批,建立企业工资支付监控制度,发展规范的中介机构,建立农民工法律援助制度,政府、企业、工会各方力量相互协调、共同配合也是解决建设领域拖欠工程款和农民工工资问题的关键所在。

第四章
建筑业农民工社会权益保障及维权

完善农民工权益保障法律机制,切实保障其合法权利,不但是推动城乡协调发展、构建和谐社会的一项重要内容,而且也是一个很值得思考的理论问题和现实问题。

在进城务工的农民工中,有很大一部分分布在建筑业领域。他们为城市现代化建设做出了巨大贡献,但他们的实际工作、生活、待遇状况有很多不尽如人意的地方。针对建筑业农民工的特点,国家应采取切实有效的措施,保障他们的合法权益,尤其是工资收益及人身权益。

第一节 社会权益保障

一、农民工享有哪些社会保险

社会保险是国家通过立法,由公民、用人单位和国家三方共同筹资，在公民遭遇年老、疾病、工伤、生育、失业等情况下，能够从社会获得经济帮助，防止收入的中断、减少和丧失给公民带来生活上的困难，达到保障公民基本生活需求的社会保障制度。

《中华人民共和国社会保险法》规定，社会保险具体包括养老保险、基本医疗保险、生育保险、失业保险、工伤保险。基本养老保险费、基本医疗保险费、失业保险费由用人单位和职工按照国家规定共同缴纳；工伤保险费、生育保险费由用人单位缴纳，职工无需缴纳。

该法第五十八条规定，用人单位应当自用工之日起30日内为其职工向社会保险经办机构申请办理社会保险登记。即使在试用期间也要为劳动者购买社会保险。劳动者可通过以下方式查询单位是否给自己购买了社会保险：拨打电话12333查询；通过社保管理机构的相关网站查询；到社保管理机构服务大厅现场查询。

劳动合同中有关不缴纳社会保险费的约定，是违反《中华人民共和国劳动法》和国务院有关行政法规的约定，属于无效约定。劳动者即使签订了此类条款，仍然有权要求用人单位办理社保。对于用人单位不为员工购买社会保险者，劳动者可依法进行投诉：可以向劳动监察部门投诉，或者向劳动仲裁部门申请劳动仲裁，并有权解除劳动关系及要求支付经济补偿金。

二、基本养老保险

基本养老保险是劳动者在年老退出劳动岗位以后，由政府提供物质帮助，保障其基本生活需要的一项社会福利制度。基本养老保险费缴费比例为员工缴费工资的20%，其中员工按本人缴费工资的8%缴纳,用人单位按员工个人缴费工资的12%缴纳。

养老保险一般具有以下几个特点:(1)由国家立法,强制实行,企业单位和个人都必须参加,符合养老条件的人,可向社会保险部门领取养老金。(2)养老保险费用,一般由国家、单位和个人三方共同负担,并实现广泛的社会互济。(3)养老保险具有社会性,影响很大,享受人员多且时间较长,费用支出庞大。

个人达到退休年龄且累计缴费满15年的,均可以享受基本养老保险待遇,按月领取养老金。《中华人民共和国社会保险法》第十六条规定,参加基本养老保险的个人,达到法定退休年龄时累计缴费不足十五年的,可以缴费至满十五年,按月领取基本养老金;也可以转入新型农村社会养老保险或城镇居民社会养老保险,按照国务院规定享受相应的养老保险待遇。从2010年1月1日起,养老保险关系可以全国自由转移接续。未达到待遇领取年龄前,不得终止基本养老保险关系,即不能办理退保手续。

领取养老金必须达到国家规定的退休年龄或者退职条件,国家法定的企业职工退休年龄是:男年满60周岁,女工人年满50周岁,女干部年满55周岁。

养老金待遇由以下部分组成。《中华人民共和国社会保险法》第十五条规定,基本养老金由统筹养老金和个人账户养老金组成。退休时的统筹养老金(又称基础养老金)月标准为所在市上年度职工月平均工资的20%,个人账户养老金月标准为本人账户储存额(含利息)除以120。

国家颁布的《关于贯彻两个条例 扩大社会保险覆盖范围 加强基金征缴工作的通知》规定,城镇各类用人单位及其职工,都要依法参加社会保险,履行缴纳社会保险费的义务,享受相应的社会保险待遇。按此规定,农民工可以参加城镇企业职工基本养老保险。在城市参加企业职工基本养老保险的农民工在所在城市累计缴费满15年及以上的,到达退休规定年龄时可以与所在城市城镇职工一样按月领取养老金。养老金由社会保险经办机构根据农民工居住地通过银行发放或邮局寄发。

三、失业保险

失业保险是对劳动年龄内,有就业能力并有就业愿望的劳动者非因本人意愿而中断就业,无法获得维持生活所必需的工资收入,在一定期间内由国家和社会为其提供基本生活保障和再就业服务的社会保险制度。失业保险由用人单位和职工按照国家规定共同缴纳。根据《失业保险条例》规定,城镇企业事业单位招用的农民合同制工人应该参加失业保险,这里所说农民合同制工人是指与城镇企业事业单位建立了劳动关系并签订劳动合同的农民工。

《中华人民共和国社会保险法》第四十五条规定,领取失业保险金必须同时满足以下条件:

(1)失业前用人单位和本人已经缴纳失业保险费满一年的;

(2)非因本人意愿中断就业的;

(3)已经进行失业登记,并有求职要求的。

申领失业保险金的步骤为:

《失业保险条例》第十六条规定,城镇企业事业单位职工失业后,应当持本单位为其出具的终止或者解除劳动关系的证明,及时到指定的社会保险经办机构办理失业登记。

具体步骤为：

(1)要求用人单位出具终止或者解除劳动关系的证明；

(2)持本人身份证明、失业证明等材料，及时到失业保险关系所在地的负责失业登记的经办机构办理失业登记手续；

(3)提出申领失业保险金申请，并接受失业保险经办机构的审核；

(4)社会保险经办机构为失业人员开具领取失业保险金的单证，失业人员凭单证到指定银行领取失业保险金。

领取失业金的待遇为：

(1)失业人员失业前所在单位和本人按照规定累计缴费时间满1年不足5年的，领取失业保险金的期限最长为12个月；

(2)累计缴费时间满5年不足10年的，领取失业保险金的期限最长为18个月；

(3)累计缴费时间10年以上的，领取失业保险金的期限最长为24个月。

四、基本医疗保险

基本医疗保险是为补偿劳动者因疾病风险造成的经济损失而建立的一项社会保险制度。通过政府、用人单位和个人等多方面筹资，建立医疗保险基金，参保人员患病就诊发生医疗费用后，由医疗保险经办机构给予一定的经济补偿，以避免或减轻劳动者因患病、治疗等所带来的经济风险。

根据《国务院关于解决农民工问题的若干意见》的规定，各地按照"低费率、保大病、保当期"的原则，将农民工纳入医疗保险范围。农民工比率集中的地区,可以采取单独建立大病医疗保险统筹基金的办法,重点解决农民工进城务工期间的住院医疗保障问题。有条件的地区,可直接将稳定就业的农民工纳入基本医疗保险。以灵活方式就业的,可按照当地灵活就业人员参保办法参加医疗保险。

在用人单位中建立了劳动关系的农民工与企业其他职工一样,享受社会医疗保险权利,也承担医疗保险缴费义务。城镇职工基本医疗保险费由用人单位和职工共同缴纳。基本医疗保险基金由统筹基金和个人账户构成。统筹基金主要保障住院及门诊大病医疗费用,个人账户主要支付门诊及个人自费费用。基本医疗保险个人账户是医疗保险经办机构为参保人设立的医疗账户,用于记录、存储个人账户记入资金,并按规定用于医疗消费。个人账户资金归参保人个人使用,超支不补,结余滚存,除国家和省另有政策规定外,个人账户不得提取现金。

个人账户包括:

(1)职工个人缴纳的基本医疗保险费,全部计入个人账户;

(2)用人单位缴费的30%左右划入个人账户;

(3)以上2项纳入个人账户的钱所产生的利息;

(4)依法纳入个人账户的其他资金。

个人账户资金支出范围包括:

(1)门诊、急诊的基本医疗费用;

(2)到定点零售药店购药的费用;

(3)住院、门诊特定项目基本医疗费用中,统筹基金起付标准以下的费用;

(4)超过起付标准以上应由个人负担的费用。

参保人员就医,可按如下方式享受医疗保险待遇:

(1)参保人员要在基本医疗保险定点医疗机构就医、购药,也可持处方到定点零售药店外购药品。在非定点医疗机构就医和非定点药店购药发生的医疗费用,除符合急诊、转诊等规定条件外,基本医疗保险基金不予支付。

(2)所发生的医疗费用必须符合基本医疗保险药品目录,诊疗项目、医疗服务设施标准的范围和给付标准,才能由基本医疗保险基金按规定予以支付。超出部分,基本医疗保险基金不予支付。

(3)对符合基本医疗保险基金支付范围的医疗费用,要区分是属于统筹基金支付范围还是属于个人账户支付范围。属于统筹基金支付范围的医疗费用,超过起付标准以上的由统筹基金按比例支付,最高支付到"封顶线"为止。

五、工伤保险

工伤,又称职业伤害、工作伤害,包括因工作遭受事故伤害和患职业病两种情况。工伤保险,又称职业伤害保险,是通过社会统筹的办法,集中用人单位缴纳的工伤保险费,建立工伤保险基金,对劳动者在生产经营活动中遭受意外伤害或职业病,并由此造成死亡、暂时或永久丧失劳动能力时,给予劳动者及其家属法定的医疗救治以及必要的经济补偿的一种社会保险制度。这种补偿既包括医疗、康复所需要的费用,也包括保障基本生活的费用。工伤保险全部由用人单位缴纳,劳动者不需承担。

国务院颁布实施的《工伤保险条例》规定,中华人民共和国境内的各类企业、有雇工的个体工商户(用人单位)应当依照《工伤保险条例》规定参加工伤保险,为本单位全部职工或者雇工缴纳工伤保险费。农民工作为职工的一员,同样有依照《工伤保险条例》的规定享受工伤保险待遇的权利。凡是与用人单位建立劳动关系的农民工(包括已签订劳动合同,或虽未签订劳动合同,但与用人单位存在事实劳动关系的),用人单位都应当为其及时办理工伤保险参保手续并缴纳工伤保险费。

根据《工伤保险条例》的有关规定,用人单位注册地与生产经营地不在同一统筹地区的,原则上在注册地参加工伤保险。未在注册地参加工伤保险的,在生产经营地参加工伤保险。农民工受到事故伤害或患职业病后,在参保地进行工伤认定、劳动能力鉴定,并按参保地的规定依法享受工伤保险待遇。用人单位在注册地和生产经营地均未参加工伤保险的,农民工受到事故伤害或患职业病后,在生产经营地进行工伤认定、劳动能力鉴定,并按生产经营地的规定依法由用人单位支付工伤保险待遇。

《工伤保险条例》第十四条规定下列情形属于工伤:

(1)在工作时间和工作场所内,因工作原因受到事故伤害的;

(2)工作时间前后在工作场所内,从事与工作有关的预备性或者收尾性工作受到事故伤害的;

(3)在工作时间和工作场所内,因履行工作职责受到暴力等意外伤害的;

(4)患职业病的;

(5)因工外出期间,由于工作原因受到伤害或者发生事故下落

不明的;

(6)在上下班途中,受到非本人主要责任的交通事故或者城市轨道交通、客运轮渡、火车事故伤害的;

(7)法律、行政法规规定应当认定为工伤的其他情形。

发生工伤事故后,用人单位应当在一个月内向当地劳动部门申请工伤认定。如果一个月内用人单位未向当地劳动部门申请工伤认定,那么,工伤者本人及其直系亲属、工会组织可以在一年内直接向当地劳动部门申请工伤认定。

农民工在因工伤暂停工作接受工伤医疗的停工留薪期内,可以享受工伤医疗待遇。原工资福利待遇不变,由所在单位按月支付。

农民工因工伤残经劳动部门鉴定为1~10级伤残的,可享受一次性伤残补助金。除此之外,被鉴定为1~4级伤残的农民工,保留劳动关系,退出工作岗位,按月享受伤残津贴;经鉴定确认需要生活护理的,还可按月享受生活护理费(1~4级伤残农民工也可选择一次性享受工伤保险长期待遇)。被鉴定为5~6级伤残的农民工,保留劳动关系,由用人单位安排适当工作,难以安排的,由用人单位按月发放伤残津贴。

经劳动能力鉴定为5~10级伤残的农民工,与用人单位解除或终止劳动关系时,由用人单位支付一次性工伤医疗补助金和伤残就业补助金。

农民工因工死亡的,直系亲属可享受丧葬补助金和一次性工亡补助金,符合条件的供养亲属还可按月享受或要求一次性领取供养亲属抚恤金。

用人单位应当参加工伤保险而没有参保,在此期间用人单位职工发生工伤的,由该用人单位按照规定的工伤保险待遇项目和标准支付费用。

用人单位使用童工或非法用工单位使用农民工致残的,由该单位支付治疗期间的费用(含护理、食宿费用等),医疗终结经劳动能力鉴定,由单位给予一次性赔偿。

申请工伤认定时,按《工伤保险条例》第十八条的相关规定,应提供以下材料:

(1)劳动关系证明,即用来证明劳动者和用人单位存在劳动关系的证明(劳动合同、工作证、工资单、工卡等);

(2)医院的诊断证明和病历;

(3)本人的身份证复印件;

(4)用人单位的工商注册资料(在工商行政管理局网站"企业基本信息查询"处查询并打印);

(5)工伤认定申请表。

六、生育保险

《中华人民共和国社会保险法》规定,生育保险是通过国家立法,在劳动者因生育子女而暂时中断劳动时,由国家和社会及时给予物质帮助的一项社会保险制度。生育保险全部由用人单位缴纳,劳动者不需承担。

生育保险待遇包括生育医疗费用和生育津贴。

《中华人民共和国社会保险法》第五十六条规定,职工有下列情形之一的,可以按照国家规定享受生育津贴:

(1) 女职工生育享受产假;

(2) 享受计划生育手术休假;

(3) 法律、法规规定的其他情形。

《企业职工生育保险试行办法》第七条规定,女员工生育或流产后,由本人或所在企业持当地计划生育部门签发的计划生育证明,婴儿出生、死亡或流产证明,到当地社会保险经办机构办理手续,领取生育津贴和报销生育医疗费。

第二节 建筑业农民工社会保障现状

由于社会地位低下,再加上受城乡二元户籍制度等政策影响,农民工成为城市的新生弱势群体,其社会保障始终处于"边缘化"状态。

据 2015 年 8 月启动的由国家统计局服务业调查中心执行的专项调查结果显示,74.81% 的农民工没有参加任何保险,其中没有购买养老保险、医疗保险、失业保险、工伤保险的农民工分别占被调查总数的 73.37%、73.77%、84.65%、67.46%。有 51.47% 的农民工反映其工作岗位安全防护措施不严密,八成女职工无法享受带薪休产假制度,57% 的农民工得不到工伤补偿。

据全国总工会资料显示,目前全国各地的进城农民工以平均每年 500 万人的速度递增,其中吸纳农民工最多的行业是建筑业。建筑行业属于高危险性的行业,农民工的社会保障出现的问题最多,具有一定的代表性。如此庞大的人群如果不能解决他们的社会保障问题,将给社会稳定带来巨大的冲击,应该引起政府的高度重视。

目前建筑业农民工社会保障偏低,是由主观和客观两方面原因造成的。

1. 主观原因

(1)农民工文化素质偏低,缺乏维权和参保意识。目前建筑业农民工教育文化程度不高,以小学和初中水平者居多,整体素质不高,又没有一技之长,完全靠力气吃饭。他们一方面缺乏主动向老板要求保险待遇的意识,另一方面自身也缺乏积极投保参保的意识。他们出来打工的目的大部分是为了改善家庭的生活和居住条件,是为了结婚、盖新房,或者是为了养家糊口。他们只关心工资的多少、是否能按时拿到手,很少有人能想到将来在城市购房定居,成为城市职工,也和城市职工一样享有各种社会保障,因此,他们不关心给不给他们缴纳社会保险,只要求每月工资能及时发放,并且遇到权益侵害时也不敢拿起法律的武器来保护自己。

(2)农民工构成复杂,流动性大,保险关系转移困难。建筑行业的高流动性也给农民工朋友参加社保、办理社保带来了较多不良影响。

一是高流动性客观造成了建筑业企业无法提供准确的缴费资料,无法掌握准确的具体用工量,导致参保主体无法为这些直接服务于建设项目的具体农民工参保。

二是高流动性导致社会保险关系转移、接续成本较大。按照国家的有关规定,办理跨省流动基本养老关系转移接续至少需要45个工作日,这对流动性极大的建筑行业农民工形成了较大障碍,影响了农民工参保的积极性。

三是高流动性导致监督管理难度加大。养老和医疗等主要的社会保险制度被分割在多个统筹单位内运行，各统筹单位之间政策不统一，难以互联互通，这给劳动保障部门缴费基数核定及监察执法等工作带来困难。

2. 客观原因

(1) 城乡二元结构体制。城乡二元结构体制由来已久，在城乡二元户籍制度下，与城市户籍的职工相比，农民工付出同等劳动却得不到同等报酬，甚至付出加倍劳动也得不到同等报酬。两者所能享受的社会福利差别就更加悬殊。尽管国家出台多项措施努力缩小城乡差别，但可以预见的是二元体制仍将长时间存在并影响农民工的生活和社会保障，城乡二元体制是农民工社会保障缺失的一个重要原因。

(2) 用工体制。现行的用工体制导致产业链末端企业负担过重。由于承担历史遗留问题的负担，对于缴纳基本养老、医疗和失业三项保险费，企业和农民工个人均普遍感到负担太重。这种保险制度设计本身也不适合农民工的特点。由于费率过高，形成了高门槛，影响了用工企业单位参保的积极性。而按照《中华人民共和国劳动法》的规定：用人单位和劳动者必须依法参加社会保险，缴纳社会保险费。建筑行业的上游企业为了规避法律风险，促成了大量劳务分包，将农民工置于行业产业链末端的劳务分包企业中。而劳务分包企业又处于建筑行业下游，其收益相对较低，如依法缴纳社会保险，企业将无法生存。

(3)建筑行业自身的原因。建筑行业分为国有、集体企业和私营企业。就集体和国有企业来看,传统的二元社会观念根深蒂固,企业内部具有严格的等级分层,农民工的社会地位在国有和集体企业内是最低的。尽管农民工干的活比正式职工又苦又累,但是却同工不同酬,更别说什么社会保障了。一些建筑行业的小包工头为了从农民工身上榨取更多剩余价值,根本不把农民工当人看,一天让他们工作12个小时以上,并且有些雇佣单位还恶意拖欠、克扣甚至不发农民工的工资,更别说给农民工交纳社会保险了。无论是什么形式的建筑企业,对农民工的社会保障的态度大都是消极被动的。

(4)法律制度不完善。我国法律制度目前仍不完善,缺乏对全国性的农民工社会保障立法,只有一些零散的地方性法规及一些规范性文件,且各地的法规不统一,内容极其散乱,彼此不协调,形成不了体系,功能单一,缺乏力度,一些侵害农民工权益的现象得不到有效制裁。《劳动法》从劳动者年龄、福利待遇、劳动安全、社会保障等方面都作了详细的规定,但却没有针对农民工的条款。同时《劳动法》的规定过于宏观,对涉及劳动者社会保险、人身保护方面的规定不够具体。

(5)社会舆论宣传缺乏力度。目前,农民工的社会保障状况欠佳,与社会舆论宣传的力度不够也有很大关系。农民工的功劳贡献没有得到社会的广泛知晓和认可,在城市受到歧视和排斥,致使部分企业主仍然怀有比农民工高出一等的传统观念,对农民工的人身保护缺少关爱。

第三节 建立农民工合法权益的长效保护机制

一、实现政府执政理念的更新

农民工是一个具有中国特色的概念,它是原有计划经济体制下实行的城乡二元户籍制度的结果。但是,现在的农民工已经不再是原来意义上的农民,他们正在从农民阶层中分离出来,形成一个新兴的社会阶层。

维护建筑劳务人员的基本权益,从根本上说,要改革旧体制沿袭形成的城乡分割户籍管理制度、劳动用工制度;要逐步解决城乡之间的生存权利、待遇差异,尤其是要加快改革现有的城乡二元户籍制度,使进城的农民工摆脱户籍制度带给他们的"农民"身份限制,成为合法的城市居民,享受城市居民同等的公民权利。

二、加强对建筑劳务合同的管理

建筑企业在招用农民工时,必须依法与农民工签订劳动合同。劳动合同中要明确劳动合同期限,工作内容、劳动保护、劳动报酬及违反劳动合同时双方应承担的责任。建筑企业分包工程必须将分包合同送市建设行政主管部门备案,并将工程款支付方式、农民工工资结算时间等作为必要条款写入合同。

当前较普遍存在的建筑业包工头直接管理农民工的模式,已经不能适应现代建筑业用工管理发展的需要,因此,国家和相关职能部门应尽快培育具有法人主体资格和地位的建筑劳务企业,通过建筑劳务企业与建筑业农民工签订劳动合同。

同时强制规定总承包企业对分包企业的工资支付负有连带责任，凡分包企业拖欠农民工工资的，由总承包企业负责对分包企业所属农民工直接支付工资。企业应在施工现场公示工资支付责任人及联系电话，方便农民工追讨工资，保障农民工应当享受的依法取得收入的权利。

三、建立覆盖全面的社会保障制度，构建全方位的监督管理体系

目前，农民工的社会保障极不完善。因此，在逐步完善我国社会保障制度的基础上，应尽快将农民工纳入社保的范畴，出台保护农民工权益的社保政策，重点解决农民工工伤、医疗、失业和养老四大保险缺失的问题。

要强化劳动保障执法监察，纠正违法用工行为，突出解决用工单位拖欠或克扣农民工工资问题，健全欠薪保障制度、工资支付制度等，用法制的手段使农民工的合法权益得到保护。在完善社保制度的基础上加强监管，监督雇佣农民工的企业与个人履行责任，对未尽责的企业采取相应的有力的惩罚措施。政策应转向激励与约束并行的方向，完善多工作、多缴费、多受益的激励约束机制。

四、加大宣传普及政策力度，做好对农民工的法律服务和法律援助工作

文化水平普遍较低是包括建筑行业在内的农民工群体的突出

特点，低文化素质直接导致维权意识薄弱，这也是农民工社会保障不到位的重要原因。所以要以各种喜闻乐见的形式在农民工群体中开展普法宣传工作，通过有效措施提高农民工对国家政策的信心以及对加强自身权益保障的认知。

政府应健全工作网络，畅通群众申请法律援助的渠道。在农民工工作和生活集聚地、大型企业等设立法律援助联系点、咨询点，开通农民工法律援助热线，方便农民工就近快捷地申请和获得法律援助。法律援助机构应把农民工作为重点服务对象，对农民工申请法律援助，应简化程序，快速办理。法律援助服务应更加贴近农民工的需求，保证农民工法律援助案件的质量，切实维护农民工合法权益。

五、提倡并帮助农民工建立工会组织

应积极地向农民工宣传工会的性质，宣传加入工会组织的好处，帮助他们消除顾虑，使他们认识到工会是他们的家，是他们合法权益的代表者和维护者。应当将农民工权益保护当做新时期工会工作的重点内容，可以考虑在农民工集中的单位建立专门的工会组织，将农民工纳入工会组织体系，大力发挥工会的积极作用。这既可以大大加强对农民工权益的真正保护，又可以将农民工权益保护纳入国家可控范围之列，而不至于出现不合法的农民工维权现象，造成社会的不稳定和不和谐。

总之，农民工权益保障问题是我们构建社会主义和谐社会的重要内容。建筑工人作为农民工的重要代表，其权益保障问题作为透视城乡不和谐问题的窗口，在解决城乡不和谐问题上起着不可低估的作用。只有从立法和执法的高度保障他们的合法权益，才能让他们在城市安心建造高楼大厦的同时，同享城市发展的成果，社会主义现代化建设才能持续、健康、稳定地发展，才能从真正意义上实现社会和谐，建设美好社会。

第五章
建筑工人海外打工如何维权

第一节 出国打工并不遥远

到外地打工赚钱,并不是我们今天才有的,人类自古就有迁徙流动"谋活路"的现象。翻开中国的历史,古代有羌人向青海一带的迁移,曹操驱使部队到西部的戍边屯田,明朝山西人向安徽等地迁徙的记录;近代有山东人一辈儿一辈儿地去闯关东,山西、陕北人成群结队地去走西口的历史。

从某种意义上来说,这些迁徙相当于是"出国打工",目的只是为了让生活更美好和更幸福。我国真正意义上的出国打工是从20世纪80年代初开始的,它是从20世纪五六十年代向亚洲、非洲的一些发展中国家实施对外经济援助的基础上发展起来的。

"出国打工"是口头语,书面语称其为"对外劳务输出"、"出国劳务"、"劳务出口"等，它是指劳务提供者和劳务消费者根据合作契约开展的国际交易，具有创汇成本低的特点，它同商品贸易、吸引外资一样，都是我国对外经济贸易活动中的重要组成部分。

对外劳务输出对于我国这样一个有着几亿农村人口、劳动力资源非常丰富的农业大国来说，无疑是参与国际经济合作，缓解我国就业压力，支持我国经济建设的一个良好途径和手段。近些年来，随着全球经济一体化深度和广度的不断扩展，随着我国实施"走出去"战略以及2013年"一带一路"战略决策的提出，在世界自然人移动自由的背景下，我国对外劳务输出显得尤其必要。

近年来，农民工出国务工正成为风尚，出国农民工在海外以从事建筑工程事务为主。他们在挣得大笔钞票的同时，也开阔了视野，增长了见识，掌握了现代技术，浑身也充满了洋味。

一、全球劳务市场初探

国际劳动力的流动已有几百年的历史，最早可以追溯到中世纪末，而具有一定规模的输出则始于15世纪末哥伦布发现新大陆。从16世纪至18世纪，殖民主义国家贩卖黑人到美洲的奴隶贸易，是历史上大规模远距离劳动力转移的开始。

真正大规模的现代意义上的劳务输出与输入则是第二次世界大战以后发展起来的。二战之后，随着大量新兴国家的建立以及战后重建的需要，国际劳务输出得到了空前发展。经过半个多世纪的历程，到20世纪90年代，伴随当今经济全球化的发展和各国经济的增长，国际劳务市场的规模也在不断扩大，并出现了很多新的变化。

在跨国公司扩大投资和全球服务贸易快速增长的带动下，全球范围内的人员跨国流动更为频繁，对外籍劳务的需求不断增加，国际劳务市场规模正稳步扩大。而随着科技进步和全球产业结构的调整，信息、生物、环保、电信、旅游业等朝阳产业对国际劳动力的需求日益增加，国际医护人员、律师、教师、农技人员的需求和一些新兴工业国对涉脏、险、累工作的外来人员的需求也不断加大。

二、我国对外劳务输出情况

对外劳务输出是伴随着改革开放而兴起的一项事业。经过30多年的发展，我国对外劳务合作取得了良好绩效，成为我国对外经济合作和实施"走出去"战略的重要内容。随着这一战略步伐的加快，对外劳务合作在扩大服务出口、建设社会主义新农村和构建社会主义和谐社会中发挥着越来越重要的作用。

目前，我国对外劳务合作的范围已扩展至全球180多个国家和地区。其中，外派劳务人员人数较多的依次为：日本、新加坡、韩国、阿尔及利亚、俄罗斯、阿联酋、苏丹、约旦和毛里求斯。我国对外劳务合作的行业领域主要分布在制造业、建筑业、农林牧渔业、交通运输业和饮食服务业。其中，建筑、纺织、渔工类劳务人员占外派劳务总数的一半以上。我国已成为国际建筑、纺织劳务和海员的重要来源地，行业领域不断拓宽。

据国内专家测算，目前我国外派劳务每年汇回和带回的外汇收入约200亿美元，社会效益明显。50多万名外派劳务人员的家庭经济状况得到改善，并带动身边的人一起创业发家致富。2016

年，中国在外劳务人数占全国城镇就业人数比重已超过3%。

我国的劳务输出主要包括以下两类：

1. 向国外派遣劳务人员

向国外派遣劳务人员即由我国派遣劳务人员到国外工作，其流动形式基本上有两种：一是移民。即具有劳动能力的人在国与国之间的迁移。二是临时性劳动力流动，即一国劳动力在国外从事短时期的工作，工作完成后即回国，这是发展最快，也是最重要的劳动力流动形式，临时性劳动力流动又有自发的和有组织的劳动力流动两种。目前，我国对外劳务输出基本上采取由国家有组织地派遣劳务人员出国工作的形式。

2. 向国外提供各种服务

这些服务包括：①技术服务。即向国外提供技术培训、技术指导。②国际咨询。即向国外客户提供咨询服务。③国际旅游。即接待外国游客在本国游览观光。④金融服务。即向国外提供银行保险等服务。⑤运输服务。即为国外客户提供海洋、航空等运输服务。

目前，我国劳务输出的方式主要有以下五种：

(1)通过对外承包工程带动的劳务输出。各种形式的承包工程需要承包公司派遣相关的项目管理、设计、施工、安装调试和技术培训人员为工程项目提供劳务。

(2)境内企业法人与国外雇主签订劳务合同派出劳务人员。

(3)在境外投资、兴办企业而派出管理人员、技术人员以及培训人员。

(4)通过成套设备和技术出口需本国劳务人员进行安装调试、

技术指导、人员培训等而产生的劳务输出。

（5）民间劳务输出。即劳动者个人通过各种渠道自己联系出国谋职。

三、对外劳务输出存在的问题

尽管我国对外劳务合作取得了令人瞩目的成绩，但在国际劳务市场仅占18%的份额，与我国劳动力的潜力相比远远不相适应，这与其存在的问题和障碍有关。

1. 对外劳务法律尚未健全

目前我国的对外劳务合作尚未有国家立法，主要依靠商务部颁布的部门规定和条例管理，规章执行和处罚力度不够，难以有效地扼制违法经营活动。

2. 对外劳务合作的宏观管理体制不够完善

管理上仍未摆脱计划经济的烙印，与现代的市场经济和国际市场的发展趋势不相适应，如政出多门导致市场秩序混乱，经营制度已不适应国际市场要求，政府监管体系不健全，在维护市场经营秩序和外派劳务人员合法权益方面缺乏有效的手段，管理基本上还是以管制为主，缺少相应的促进和扶持政策等。

3. 一些部门和地方对发展对外劳务合作的重要性认识不足

如没有将对外劳务合作作为解决就业问题的一条重要途径而采取多种方式促进和发展，在组织、规划和引导方面缺乏力度，没有相应的国家立法和财政支持措施，对外劳务合作的正面宣传和报道不够等。

4. 劳务市场经营秩序混乱

多头管理是导致市场经营秩序混乱的重要原因,除经商务部批准的正规公司外,许多部级、省级分支机构和挂靠企业未经批准也从事代招出国劳务业务,一些个体户也变相办理出国劳务,不规范和低价竞争扰乱了市场秩序,乱收费也难以根除。

5. 劳务人员出国手续复杂,办证周期过长

2002年,我国颁布执行了《办理劳务人员出国手续的办法》,结束了多年来持因公护照出国的做法,逐步与国际接轨,一定程度上简化了手续,但办理因私护照仍有很多问题:一是所需材料太多,二是周期太长,三是公安部门办护照不管签证,出国人员费用大、困难多。

6. 劳务合作信息不灵,渠道不多,信息服务体系不完善

我国劳务信息来源主要靠驻外使馆信息处、各公司驻外公司和机构、出访的临时团组和个人关系及部分新闻媒介等,信息途径较少,同时没有统一的信息处理网络,导致大量信息重复处理与信息浪费现象并存。

7. 政府的服务体系尚未完全建立

服务体系包括财政、金融、保险、外汇、中介组织和其他社会服务体系。如国家财政在对外劳务合作方面没有资金支持;劳务人员出国前的保证金贷款没有保障;尚未有专门对外派劳务人员服务的风险险种;出国劳务的外汇汇回没有强制性要求,且每笔外汇汇回时均要发生一些费用,相当多的劳务人员没有通过正常渠道将外汇收入汇回国内;对外工程承包商会作为唯一的中介

组织，其作用有待进一步发挥；普通劳务从出国立项开始到最终出国涉及一个庞大的社会关联网络，花费当事人大量的时间、精力和经济成本。

第二节　我国建筑业在海外发展现状

随着全球经济一体化的深入发展，我国的综合国力在不断提高。在国家鼓励开展国际工程合作的同时，我国对外工程的业务发展迅猛，规模也在日益扩大，国际竞争力显著提高。

根据商务部的统计，2015年，我国对外承包工程业务完成营业额9596亿元人民币（折合1540.7亿美元），同比增长8.2%，新签合同总金额达13084亿元人民币（折合2100.7亿美元），同比增长9.5%。2016年，我国企业在"一带一路"相关的60个国家新签对外承包工程项目合同3987份，新签合同总金额达926.4亿美元，占同期我国对外承包工程新签合同额的44.1%，同比增长7.4%；完成营业额692.6亿美元，占同期总额的45%，同比增长7.6%。

一、我国对外建筑业发展迅速

我国对外承包工程已经进入了平稳、快速发展的时期。在整体业务、规模快速扩大的同时，我国对外承包的各类建筑项目规模和档次也在不断提高。

一是规模不断扩大。近五年来，我国国际工程承包业务量相当于之前20年业务量的总和。从发展速度来看，整体的规模每年都在以30%的速度增长，速度在加快，同时档次也在不断提高。

二是建筑工程承包模式正在发生重大变化。我们的企业已经逐渐认识到带资承包以及通过投资获得工程建设项目是目前承揽国际项目的主要模式，因此积极探索采用工程与投资相结合，通过与境外合作、房地产开发、资源合作开发等方式，推动对外建筑工程承包业务向高端发展。据初步统计，目前总承包的项目已经占到了我国对外总投标项目的52.6%，超过一半的项目都是企业通过总承包的形式来进行的，特别是建筑工程总承包项目有了明显的增加，大量带动了我国国产设备的出口。

三是分布全球的市场范围不断扩大。目前我国对外建筑承包工程业务的发展已经遍布全球将近两百个国家和地区，也就是说遍布世界的每一个角落，即使在一些未建交的国家也开展了业务。除了亚洲、非洲这些传统市场依然保持着稳固的主导地位之外，在拉美市场、欧洲市场、北美市场，我国对外建筑承包工程的业务也呈现了较快的增长态势，市场向更加多元化的方向发展，市场结构也得到了进一步优化。

四是承接对外承包工程的企业群体在不断扩大。经过几十年的发展，我国基本形成了一支由多行业组成，能与国外大承包商竞争的队伍。建筑工程承包行业的集中度进一步加强，大企业的竞争能力进一步提高，现在我国公司的竞争优势已经不仅仅体现在劳动力成本、价格等方面，更体现在技术、成套设备、资源整合和项目管理等多个方面，并且得到了世界范围内的普遍认可。特别是我国企业在一些发展中国家承建了一大批建筑设施项目，满足了当地发展和人民生活的迫切需要，受到了当地政府和人民的拥护，也产生了非常好的影响，并涌现出了中国十大海外基建公司,即中国交建、中国建筑、中国电建、中国中铁、中国铁建、中国中冶、中材国际、葛洲坝、中工国际、北方国际。

总之,未来几年,无论从整体规模上来看,还是从发展结构上来看,我国建筑承包业务的规模和档次将呈逐步提高趋势,综合实力不断提升,行业内企业经营管理日益规范化、信息化、科学化,这为我国建筑工程承包行业的进一步发展奠定了良好的基础。

二、在海外打洋工的建筑工人越来越多

请看《武汉晨报》的一则报道。

500人"打洋工" 年赚4000万

- 黄陂农民,年薪10万不是梦

出国,对不少农民工来说是一个遥不可及的梦。而在我省的出国务工大户黄陂区,会盖房、会修路、会做木工的农民工,早在10多年前就尝到了出国的甜头。

据省市商务部门不完全统计,目前,有500名黄陂人常年在国外务工,他们每年给家人寄回4000余万元,平均每人每年赚得外汇8万元。

目前,我省国外务工人员中三成以上为建筑工人(泥工、木工、电工、钢筋工等),他们外出务工月收入最低六七千元,最高则接近1.5万。除此之外,我省赴日的缝纫工、赴新加坡的电子产品装配工和幼师也呈逐年上升趋势。

目前,除中铁十一局、中国一冶、湖北省工业建筑集团

等大型涉外建筑施工单位可直接进行劳务输出外，我省有9家中介机构拿到了外派劳务输出资格。市民出国"打洋工"前，可登录商务部官方网站查验中介机构资质。一旦发现问题，可第一时间向商务部举报。

- 打工两年，可净赚十几万

30多岁的黄陂泡桐镇的李陆洋（应本人要求用化名）没出国前，在国内各地干木工活，一个月收入最多时达7000元。可由于要不停地四处找事，他一年下来最多只有七八月有事可做。

去年7月，经同乡介绍，李陆洋首次去利比亚参加远大集团的一个施工项目，月收入达到14800元。"护照、体检、来去飞机票、当地食宿等费用都是用工单位承担，出国两年以上，施工单位还可以承担中间回国过春节的差旅费。在国外务工，只要找到正规的施工单位，你的收入基本都可以带回国。"

据了解，目前，黄陂农民工到国外当建筑工人的保底收入每月可达七八千元。因此，当地不少外出"打洋工"的家庭里出现了"一人务工，一家不愁"的景象。现在，出国两年赚15万元，已成为许多人出国务工的基本目标。

- 上网聊天，"打洋工"不寂寞

经过10多年的闯荡，黄陂外出"打洋工"的农民工已在多年的漂泊中，学会了上网，每天与家人视频聊天。

第五章 建筑工人海外打工如何维权

42岁的黄陂泡桐人江厚远，2008年起开始出国务工。他告诉记者，现在农民工在外国买电脑的情况很普遍，会上网的人也很多，与家人视频聊天是这些远在异乡务工的黄陂人工作之余最开心的事。而新一代外出的80后新生代农民工，还可以时不时冒点时髦的英语。

武汉天地国际劳务合作有限公司，是2002年底国家商务部批准成立的专业外派劳务经营公司，而该公司总经理席德勇从1988年起开始接触劳务派遣工作。

在席德勇看来，除建筑工人之外，这两年，护士、电子产品生产线工人、网吧网管、缝纫工、水手等带有更高技术含量的工人，在我省外派务工人员中不断增加。

据介绍，即便不去中东、非洲等敏感地区做建筑工人，我省外出务工的选择还有许多。其中，水手、护士、幼师等拥有一定技术技能的工作在一些老龄化发达国家很吃香。

昨日，记者现场看到，新加坡某国际奢侈品服装专卖店就有招聘营业员的需求。该岗位对学历要求并不高，年龄19岁至29岁，英语流利的高中、中专、技校生均可报名。其中，本科学历底薪起步为1800新币（约合人民币9300元），而非本科学历起薪为1400新币（约合人民币7200元）。

- 一人带300人出国"打洋工"

因"老乡带老乡"的缘故，黄陂区出国务工的建筑工人特别多，他们中的一些先行者因接到了海外用工项目，如今已经晋升为返乡招工的跨国包工头。昨日，李集中学招聘现场，被老乡们团团围住的官华忠就是其中一个。

小平头，羊毛西装，时而普通话，时而黄陂话，据说还会讲希伯来语，一副精明干练的样子。10年前，官华忠出国"打洋工"，作为一个泥瓦匠，他先后去过以色列、利比亚、科威特等国。务工之余，他学会了希伯来语，5年前成了返乡招工的"包工头"。

昨日，官华忠回老家招工，主要是为他在科威特的新项目选拔人手。他告诉记者，眼下除了招人去科威特外，经他招去利比亚务工的100多名老乡还没有回来过年。

在官华忠看来，出国当建筑工人没有什么学历和语言要求。只要专业手艺好、为人本分，有两年工作经验以上，都可以出国"打洋工"。相比国内，"打洋工"最大的不同是不用打游击地去接项目，一年到头每天宿舍工地的两点一线，每天都有活干。

"打洋工"10年，官华忠认为最难的还是远在异国他乡的不适应。"那个时候没有人组织，我都是自己闯，语言不通，人生地不熟，一去就是一两年，路上还曾遇到持枪抢劫。不过，最大的困难是孤独和想家。"

而现在，"打洋工"农民工多半是集体行动。平常休息时，除了打电话之外，他们还学会了上网，用QQ视频聊天。相对于60后、70后而言，80后、90后对外语和网络通信技术更容易上手，而他们对出国去做泥工、电工、钢筋工这些传统体力活却不太感冒。"我带去利比亚的100多人中的80后不到10人。"

第五章 建筑工人海外打工如何维权

这几年,官华忠每年都回来招工,最多一次带了200人出国。

(来源:武汉晨报2015-2-21)

近年来,越来越多的中国劳动者走出国门,追寻价值高地。与"中国制造"的商品一样,"中国劳务"也走向了世界,出国劳务市场不断扩大。商务部的资料显示,仅2015年,我国对外劳务合作派出各类劳务人员58.7万人,较去年增加2.5万人,其中承包工程项下派出31.1万人,劳务合作项下派出27.6万人。截至2016年底,我国对外劳务合作业务累计派出各类劳务人员802万人。为鼓励农村剩余劳动力去海外打工,一些劳务输出大省喊出"派出一人,富裕一家,带动一片,安定一方"的口号。

我国建筑企业到国外施工主要源于以下三大块:(1)国际工程承包,就是直接从外国人手里接活,赚取外汇。(2)我国驻外使领馆的建造,国际上大国的使领馆都是本国派人出去建造的,主要是出于安全原因考虑。(3)援外任务,这部分工作以在第三世界国家为主,也是我国外派建筑劳务的主体。

建筑工人外出务工的途径有三条,一是国家政府部门有计划、有组织地根据与外国政府签订的协议安排劳务出口;二是有关公司、企业等根据与外国公司或企业签订的劳务合同派遣劳务出口;三是具备劳务出口条件的个人通过国外的亲友等联系的劳务出口。前两种途径都由商会来协调指导。

从薪酬待遇方面来看,境外就业的收入要明显好于国内。决定境外就业人员待遇的因素一般是技术能力以及所就业的地区。

通常美国、日本、韩国等经济较为发达的国家和地区待遇要稍好一些,而非洲、东南亚一些国家的待遇则要低一些。

一般来说,建筑工人出国的劳务工资的多少一般受工作国家安全与卫生环境、工作地点、工作量、工作难易程度、工作年限等因素的影响,一般技术类建筑工人(油漆工、瓦工、架子工、管道工、钢筋工、电工、焊工、木工)工作更加轻松,工资也更高。建筑工人出国劳务的工资一般月薪1万元人民币到2万元人民币不等。如果是在发达国家如美国、德国、法国、瑞士、加拿大、新加坡、韩国、日本、澳大利亚、新西兰等务工,月工资可能更高。

建筑工人选择出国务工应有一个心理标准,其一是每月能拿到手的月薪至少要达到8000元以上,其二是与自己在国内的工资进行比较,出国收入应该是自己国内收入的2倍以上。如果达不到这个标准,由于出国所交费用较大,以及要忍受相思之苦,那就不如在国内就业。

第三节 出国劳务申请办理的流程、手续

我国公民申办劳务出口一般通过以下途径:
(1)通过专门从事劳务出口的国内企业公司办理申请登记、培训和派遣;
(2)通过所在地或所在单位的劳动人事部门办理;
(3)通过个人在海外的亲友办理。

中国公民申请劳务出口必须具备以下条件:一是专业技术要适合海外需求,专业不对口、技术不熟练者最好不要出国打工;

二是要有良好的道德修养，遵守目的地国的法律和劳动纪律；三是要有健康的身体，能够适应目的地国的气候条件和劳动环境；四是要有必要的语言能力，尤其是直接和外方打交道的外语水平，但一般集体从事劳务者可不必强调外语能力。

出门打工最怕三件事：一怕劳务信息不真实，二怕受公司欺骗，三怕工资无法兑现。同样，出国打工也存在这些问题，而且由于你跨出了国门，人生地不熟，语言又不通，碰到这些窝火事，那真是叫天天不应、叫地地不灵了。因此农民朋友们跨国打工，一定要选择正规的外派公司，确保务工信息的千真万确。

出国打工如何确保招聘信息及招聘公司的真实性呢？总体来说就是务工者要选择正规渠道，通过商务部批准的劳务外派公司办理出国打工手续，千万不要听信非法劳务中介的虚假宣传，以免上当受骗。

一、出国劳务信息收集

1. 出国劳务信息收集

如今是信息时代，出国劳务信息收集方法很多，你可直接从电视、广播、报纸、网络媒体处获得各种招收出国劳务人员的信息，也可以从具有国家主管部门批准经营资格的公司那里获得信息。具体来说出国务工信息渠道主要有：

（1）对外劳务合作服务平台（以下简称服务平台）。当前许多省均按国家要求建有对外劳务合作服务平台，劳务人员可通过服务平台获得出国务工招聘信息及外派企业信息。

（2）对外劳务合作企业和对外承包工程企业（以下统称外派企

业)。一般来说,这些外派企业均是大型企业,在国外有大型承包工程,或直接在国外设厂,需要国内人员前去工作。这些企业实力强,管理规范,一般为国有大型企业,劳动者可放心大胆地去报名。劳务人员可以通过商务部网站及各省外派劳务服务网的"企业名录",了解查询有关外派企业的情况。

(3)当地各类媒体。在尚未建立服务平台的地区,劳务人员可以从当地电视、广播、报纸、网络媒体等渠道获得相关信息。

(4)各种交流会。一些劳务输出大省(市)每年春节前后均由政府组织举办大型出国劳务招聘会,由于有政府信誉作保障,招聘信息一般真实可靠。

以下是2016年1月马来西亚某建筑工程公司委托我国某服务中心招聘建筑工人的招工简章,读者可以对照看一下,以明白他们的招工要求及条件。

> 我中心受某公司委托,现招聘赴马来西亚吉隆坡建筑工人,具体待遇及要求如下:
>
> 一、工种
>
> 建筑工15人。
>
> 二、要求
>
> 男性,年龄30~45岁,有三年以上从业经验,身体健康,能吃苦耐劳。
>
> 三、待遇
>
> 1. 月薪4000元至5000元马币(约合人民币8000元至10000元),依据技术能力决定。

2. 住宿与交通费等由雇主承担，伙食费用自理，约200马币(约合人民币400元)。

3. 每日工作时间10小时，每月休息两到三天。

4. 员工在外期间的福利保险按照当地劳工法执行。

5. 雇主负担合同期满后的回国机票费用。

6. 合同期两年。

四、工资发放

1. 员工抵达吉隆坡后，雇主预借部分生活费用，之后按每45天结算一次工资。

2. 雇主在境外按实发工资额的30%以马币支付员工工资，余下的70%工资按工资发放当日中国银行牌价结算人民币汇至员工国内账户。

3. 员工出境前需提前办理中国银行卡。

……

××市对外劳务合作服务中心

2. 出国务工条件

一般来说，选择出国务工，应具有以下基本条件：

(1) 初中以上学历，18岁以上，男、女均可。

(2) 有一定的专业特长(如熟悉机械加工、建筑安装等)，能吃苦耐劳，服从管理，有团结互助的集体观念。

(3) 遵纪守法，能申领护照，无犯罪记录，无不良出国动机。

(4) 属自愿报名，但须经父母、爱人等亲属同意。

(5) 身心健康，无传染病、精神病、慢性病等疾病，肝炎、艾滋病及肝功能化验呈阳性者,不能出国。

(6)报名时,一般应能提供以下材料(需真实、有效):身份证、户口本、毕业证、2寸彩色相片、体检表、其他必要的材料。

二、选择正规劳务外派公司

1. 选择正规劳务外派公司

我国对跨国劳务输出管理较严,并规定由专门的商务部门负责对外派劳务的输出与管理,只有国家(部级机关)批准赋予合法对外签约外派权的正规公司,才能向国外派遣各类劳务人员(含赴日本的研修生)。这些公司向政府主管部门交纳备用金,接受主管部门的监督,业务操作规范,一般值得信赖。

因此,报名时,查看该单位有无经营资格证书/许可证,是保障自身合法权益的第一步。您首先要了解招聘人员的公司是否具有商务部批准的外派劳务经营资格,要求公司出示当年通过商务部年审的"对外劳务合作经营资格证书"或"对外承包工程经营资格证书"及公司的营业执照。

另外,有些单位或企业是受劳务外派公司的委托招收出国劳务人员,你应了解清楚它们与劳务外派公司的情况。

近年来,一些非法中介利用部分急欲出国务工人员的无知或侥幸心理,虚构项目信息,刊登和散布虚假广告,给上当受骗人员及其家属带来极大的经济损失和精神伤害,严重干扰和破坏了我国对外劳务合作的正常经营秩序,对此你要保持高度警惕。

2. 注意相关国家和地区外派劳务风险

国外并非处处是黄金,有些国家和地区工作、生活条件十分艰苦，存在一定的风险，要及时关注政府部门的提醒信息。根据以往经验，日本、俄罗斯、蒙古等国家和非洲、西亚等地区外派劳务风险较高，而新加坡、澳大利亚、美国、加拿大以及西欧等国家和地区较安全。

三、劳务人员出国相关手续及办理

办理出国劳务手续繁多，长者时间可达半年，具体来说以下手续需要你及劳务公司办理。

需要个人来办理的手续有：

(1) 报名时，提供相关证件（身份证、户口本、毕业证、照片等），体检，提交体检表，交纳面试保证金；

(2) 录取后，申办护照、签证等，交纳费用，参加培训并考试，与公司签订外派劳务合同等。

由劳务公司来办理的手续有：

(1) 审核证件、内部面试、家访、组织面试等；

(2) 向国外提供材料、申请工作许可，办理护照签证；预定机船票；组织出国等；

(3) 组织学习和适应性训练及培训；劳务纠纷等的协调处理等。

一些国家和地区还要求劳务人员在出发前提供防疫证明。有的国家还会要求劳务人员在入境前先办理好个人资料的公证。

办好了国内手续，还有国外手续要办。国外手续包括入境许可、工作准证等，一般由外国雇主负责。

办好了上述手续，你就可以出国工作了。因劳务外派公司或外方雇主原因不能派你出去，劳务外派公司要退还你的履约保证金和服务费。如你因个人原因或不可抗力而不能出国，则出国手续费不予退还。需要提醒的是，劳务人员在出国前，应要求外派企业为劳务人员办好在国外的合法工作准证。劳务人员以商务或旅游签证在境外工作是违反当地法律的行为，会被当地有关部门罚款、扣押和遣返。

四、报名前注意事项

出国务工要作好心理准备，有的地方工作条件十分艰苦，有些国家、地区则存在一定的安全风险，这些均需要务工者谨慎决定。

因此你在报名前，要向劳务外派公司认真了解项目情况，如要去工作的国家、外国雇主名称、将从事的工作内容、工作期限、有没有试用期、每月或每周工作天数、每天工作时间等。特别要仔细了解工资待遇，如月基本工资、超时和节假日加班费，以及工资和加班费发放方式等。一般情况下，工资以下列方式发放：一是外方雇主直接将工资支付给你或存入你的银行户头，二是通过劳务外派公司转交给你。

同时，你还应要求劳务外派公司出示"对外劳务合作经营资格证书"以及与雇主签订的合同。如你遇到的是受劳务外派公司委托的代理单位，你应要求其提供劳务外派公司的委托书和"对外劳务合作经营资格证书"复印件以及出示劳务外派公司与雇主签订的合同复印件，并备档留存。

第四节 合同的签订及收费标准

劳动合同是保证你合法权益的法律保障。你和劳务外派公司签订的合同叫做"外派劳务合同",你和外国雇主签订的合同叫做"雇佣合同",这两份合同的内容一定要和劳务外派公司与外国雇主签订的"对外劳务合作合同"的内容基本一致。要特别注意,不要同没有提供劳务外派公司的委托书复印件、劳务外派公司与外国雇主签订的合同复印件的代理单位签订"外派劳务合同"。

出国务工时,你要与劳务外派公司和外方雇主分别签订合同,签订合同时要认真审核合同内容。不要与不法中介或个人签订合同。合同是你与劳务外派公司、雇主之间构成民事法律关系的重要依据,所以一定要妥善保管好合同文本。

一、劳务合同的签订及注意事项

1. 劳务人员出国(境)务工应签订哪些合同

劳务人员在出国(境)打工前,要签好两份合同:(1)劳务人员和外派企业签订的合同——外派劳务合同。(2)劳务人员和外方雇主签订的合同——雇佣合同,这两份合同的内容一定要和外派企业与外国雇主签订的"对外劳务合作合同"的内容基本一致。

需要提醒的是,劳务人员不能持旅游、商务等签证出国务工。旅游签证是某国使馆在你护照上签发的准许你去该国旅游的入境签字证明,商务签证是某国使馆在你护照上签发的准许你去该国开展商务活动的入境签字证明。如果你持旅游或商务签证到某国务工,属于未经该国政府批准而在该国非法工作的违法行为,必然要受到该国相关法律法规的惩处。

2. 劳务人员签订合同注意事项

在签署合同时要注意以下事项:

(1)劳务人员的工作内容、工作地点、工作时间和休息休假。

(2)合同期限。

(3)劳务人员的劳动报酬及其支付方式。

(4)劳务人员社会保险费的缴纳。

(5)劳务人员的劳动条件、劳动保护、职业培训和职业危害防护。

(6)劳务人员的福利待遇和生活条件。

(7)劳务人员在国(境)外居留、工作许可等手续的办理。

(8)劳务人员人身意外伤害保险的购买。

(9)因外方雇主原因解除合同对劳务人员的经济补偿。

(10)发生突发事件对劳务人员的协助、救助。

(11)违约责任。

二、劳务人员的权利和义务

1. 出国劳务人员的基本权利

出国劳务人员的基本权利有:

(1)享有对我国外派劳务有关法律政策、有关行业规范的知情权。

(2)自愿与外派企业签订有关合同的权利。

(3)自愿与外方雇主签订符合劳务输入国有关法律的"雇佣合

同"的权利。

（4）了解有关合同条款的主要内容的权利。

（5）有权要求外派企业出示"对外劳务合作经营资格证书"或"对外承包工程经营资格证书"及营业执照。

（6）有权向商务主管部门和其他有关部门投诉外派企业违反合同约定或者其他企业、单位和个人侵害劳务人员合法权益的行为。

2. 出国劳务人员应尽的义务

（1）出国务工应参加体检、培训、考试，办理护照和提供健康检查证明书等相关证书。

（2）遵纪守法，诚实守信。劳务人员在国(境)外务工期间违反合同或违法犯罪，劳务人员须承担相应的责任。

（3）遵守用工项目所在国家和地区的法律，尊重当地的宗教信仰、风俗习惯和文化传统。不得进行色情、赌博活动。

（4）遵守合同合约，不擅自脱离工作岗位，合同到期后应按期回国。未经许可脱离原岗位，或合同到期后滞留不归等违反我国及所在国相关法律、违反有关合同合约的行为，劳务人员须承担相应的责任及后果。

（5）在国(境)外务工期间如遇到紧急情况，有权联系外派企业或中国驻当地使、领馆，服从使、领馆做出的紧急避险安排。

（6）及时、准确提供个人真实信息，承担隐瞒或提供虚假信息的法律责任。

三、出国前需要支付哪些费用

出国前，你自己需要负担并不再退还的费用有：

(1)服务费。服务费是外派企业为劳务人员出国(境)务工提供组织、服务和境外管理而收取的费用,但对外承包工程企业不得向劳务人员收取服务费。服务费不能超过劳务人员在国(境)外工作期间内得到的合同所有工资的12.5%。请注意,交纳各种费用一定要索取并保存好收据,以作为日后解决纠纷和处理问题的依据。

(2)体检费、培训费、护照费、签证费、合同公证费。办理出国(境)手续时,劳务人员应按国家规定标准向有关方面交纳体检费、培训费、护照费、签证费、合同公证费。这些费用需要劳务人员承担,并不再退还。一般情况下,劳务人员在办理出国(境)务工事宜期间所发生的国内差旅费也需要自己承担。

(3)往返机票费用。往返机票费用按合同规定执行。有的可能是外方雇主提供,有的可能需要自己承担,依据不同情况而定。

(4)一般情况下,劳务人员不必提供财产担保。

四、交纳履约保证金和服务费

在你和劳务外派公司签订"外派劳务合同"或其他形式的协议时,根据国家规定,还有要交纳履约保证金和服务费的一些条款。

履约保证金是你必须按"外派劳务合同"和"雇佣合同"的规定交纳的在国外工作的押金。履约保证金由你直接交给派你出国的劳务外派公司,劳务外派公司将给你一张收据。在你履行完劳务合同回国后,劳务外派公司凭你提交的收据将履约保证金的本息(按你在外劳务期间活期存款利息计算)如数返还给你。如你没按合同履行完义务,你无权要求退还履约保证金。

根据国家规定,履约保证金不能超过你在国外工作期间内得到的所有合同工资(不包括加班费,下同)的20%。

服务费是劳务外派公司和你所在单位为你出国劳务提供组织和管理服务所发生的费用。

一些劳务外派公司会要求你支付中介介绍费,这是明显的乱收费,因为根据规定,如发生中介费应该由劳务外派公司支付,你大可不必支付中介费。强行收取中介费的要么是黑公司,要么是乱收费,你可向上级相关部门举报。

第五节　国外打工纠纷处理

遵纪守法、诚信守诺是中国人的传统美德,任何损害国家利益、民族形象的行为举止都将受到惩罚。作为中华人民共和国的公民,你在国外工作期间,国家会保护你的合法权益。但是,你如果在国外违法犯罪,或通过不正规途径出国务工,你的权益将无法得到保障。

一、劳务人员在国外工作期间注意事项

劳务人员在国外工作期间需要注意的事项如下:

(1)遵守当地的法律、法规,尊重当地的民族、宗教、风俗习惯,避免参加当地的劳工运动及其他的政治和宗教活动。

(2)遵守合同合约。不要擅自脱离工作岗位,合同到期后要按期回国。未经许可脱离原岗位到别的地方工作,或是合同到期后滞留不归,都是违反当地法律的行为,会被逮捕监押或遣送回国。

（3）遵守工作现场的安全防范规程。注意居住安全、外出安全、交通安全，妥善保管好自己的财物和护照、工作准证等身份证件。要牢记应急情况下通信联络方法，记住有关应急求救电话。

（4）遵守社会公共秩序。在公共场所不要大声喧哗、高声谈笑、随地吐痰、抛物扔垃圾；不要出入色情、赌博场所。

（5）尊重雇主和外籍员工，不要有国别和性别歧视，与周围人员和谐相处。

（6）注重个人形象，衣着整洁得体，注意个人卫生。

（7）出国务工如遇到紧急情况，要保持冷静，并尽快与劳务外派公司或我国驻所在国使、领馆联系，寻求援助，不要采取过激行为。

二、在国外工作期间怎样应对可能遇到的困难

在国外工作期间，难免会遇到一些问题或纠纷。如遇到雇主未按照合同提供生活设施、拖欠工资、扣发加班费、挨打受骂等情况，或发生伤亡、自然灾害、战争等紧急事件时，切记要始终保持理性和冷静，通过以下途径和办法寻求保护自己的权益。

你与雇主之间的矛盾，可依据你与雇主签订的"雇佣合同"，向劳务外派公司或公司在当地的代表反映，请他们依据劳务外派公司与雇主签订的"对外劳务合作合同"与雇主交涉，或参与共同协商解决问题。

你与劳务外派公司之间的纠纷，要依据双方签订的合同协商解决。如协商解决无效，可向中国对外承包工程商会外派劳务人员投诉中心书面反映，或回国后通过法律程序解决。

依据协议未能解决的重大问题，你可向我国驻外使、领馆反映，进行咨询或寻求帮助。

若发生自然灾害、战争等紧急事件时，劳务外派公司和我国驻外使、领馆会主动给你提供帮助，尽最大努力保证你的生命安全。你要积极配合有关方面的援助工作，服从他们的救援安排。

三、外派劳务纠纷处理

你在国外工作期间遇到纠纷时，切勿受他人挑唆蛊惑，采取过激行为，如罢工、游行、聚众围堵我使、领馆等。应通过合法途径、理性方式反映诉求解决问题。凡因触犯当地法律，或违反合同规定而导致的后果，本人必须承担相应的民事或刑事责任。

遇到劳务纠纷可通过以下途径寻求解决：

在国内，劳务人员可以通过书面形式向外派企业所在地的商务主管部门反映情况，也可通过电话或邮寄的方式向中国对外承包工程商会外派劳务人员投诉中心投诉。投诉电话：010—84242447 或 84242557，投诉地址：北京市东城区安定门外东后巷 28 号 1414 室，邮编：100710。

在国外，你可根据"雇佣合同"与外国雇主交涉，也可向劳务外派公司或其在境外的管理机构反映，紧急情况下，也可向我驻所在国使、领馆寻求援助，但必须采取合法、有序的方式，不得干扰使、领馆的正常工作秩序。

劳务人员如果是通过无合法经营资质的企业、单位或个人安排出国务工，发现上当受骗后，可以直接向相关企业、单位或个人所在地的工商或公安部门举报。

如果出国劳务人员与劳务外派公司既没有签订劳动合同，也没有按照正规手续办理出国打工手续，造成"打黑工"的现象。一旦出现纠纷，出国劳务人员将如何维权呢？

如果外派企业没有境外劳务派遣资质，而将国内的出国劳务人员派到国外务工发生的纠纷，如果没有签订劳动合同，出国劳务人员可以去外派企业注册地的劳动仲裁委员会申请仲裁，以存在事实劳动关系为由，要求赔偿。如果外派企业有境外劳务派遣资质，但是没有与出国劳务人员签订合同，也没有办理正规出国打工手续，发生劳务纠纷时，外派劳务人员可以与国内的外派企业进行协商要求协助向外方索要赔偿，或者要求外派企业赔偿。特别是像发生劳务工伤这样严重的事件，出国劳务人员的维权之路就显得很艰难。这时候当事人应就外派企业的违法行为向有关部门反映，比如向公安局、商务部、总工会等政府主管部门投诉和寻求帮助。公安局出入境管理局、商务部都是境外劳务外派公司的监督管理部门，一旦介入，可以对维权的成功起到很好的作用。而随着工会作用的逐步增强，工会的救助也是出国劳务人员维权的途径之一。

四、寻求中国境外领事及领事保护

(一) 领事及领事保护

人们常说"在家靠父母，出门靠朋友"，当农民朋友乘坐飞机，踏出国门，来到人生地不熟的外国，如果在工作、生活中遇到困难，或合法权益受到侵害，遭受不公正待遇，甚至受到当地人的欺侮或绑架，生命受到威胁，此时找谁替我们做主呢？国外有没有像国内那样的工会或妇联这样的组织,来保护弱者的权利呢。当然有!在国外,如果碰到各种纠纷或人身安全受到威胁等,农民朋友可以寻求领事保护,领事们就是我们的娘家人,会在危难时向我们伸出援手,为我们提供许多必要的帮助。

1. 什么是领事保护

领事保护是指中国公民、法人的合法权益在所在国受到侵害时,中国驻当地使、领馆依法向驻在国相关部门反映有关要求,敦促对方依法公正、妥善处理,从而维护海外中国公民、法人的合法权益。

领事服务是指中国驻外使、领馆依据本国有关法律和法规,为所在国的本国公民提供涉及国际旅行证件、公证、认证等事宜的服务。

实施领事保护的主体是政府,在国外是驻外使、领馆。中国目前有近300个驻外使、领馆,它们都是实施领事保护的主体。

领事保护的内容是海外中国公民、法人在海外的合法权益。合法权益主要包括:人身安全、财产安全、合法居留权、合法就业权、法定社会福利、人道主义待遇等,以及当事人与我国驻当地使、领馆保持正常联系的权利。

领事保护的方式主要是依法依规,向驻在国反映有关要求,敦促公平、公正、妥善地处理。依据的法规,主要包括公认的国际法原则、有关国际公约、双边条约或协定以及中国和驻在国的有关法律。

2. 什么人可以得到中国政府的领事保护

凡是依照《中华人民共和国国籍法》具有中国国籍者,都可以得到中国政府的领事保护。也就是说，只要您是中国公民，无论是定居国外的华侨，还是临时出国的旅行者；无论是内地居民，还是香港、澳门和台湾同胞，都是领事保护的对象。

《中华人民共和国国籍法》规定，我国不承认双重国籍。定居外国的中国公民，凡自愿加入或取得外国国籍者，即自动丧失中国国籍，因而不再享有中国驻外使、领馆的领事保护。

而正在办理移民手续者，在手续完结、国籍变更之前仍是中国公民，仍是领事保护的对象。

3. 领事官员可以为您做什么

（1）当您的合法权益在所在国受到侵害，或与他人发生民事纠纷，或涉及刑事案件，中国驻外使、领馆可以应您的请求推荐律师、翻译和医生，帮助您进行诉讼或寻求医疗救助。

（2）可以在所在国发生重大突发事件时，为您撤离危险地区提供咨询和必要的协助。

（3）可以在您被拘留、逮捕或服刑时，根据您的请求进行探视。

（4）可以在您遭遇意外时，协助您将事故或损伤情况通知国内亲属。

（5）可以在您遇到生计困难时，协助您与国内亲属联系，以便及时解决费用问题。

（6）可以协助您寻找失踪或久无音信的亲友。您提出请求时须提供被寻人员的详细信息。

（7）可以根据中华人民共和国有关法律和法规为在国外合法居留的中国公民颁发、换发、补发旅行证件及对旅行证件上的相关资料办理加注。

（8）可以为遗失旅行证件或无证件的中国公民签发旅行证或回国证明。

（9）可以根据中华人民共和国有关法律、法规和相关国际条约为中国公民办理有关文件的公证、认证；在与所在国的法律规章不相抵触的情况下办理中国公民间的婚姻登记手续。

4. 领事官员不可以为您做什么

（1）不可以为您申办签证。

（2）不可以为您在当地谋职或申办居留证、工作许可证。

（3）不可以干预所在国的司法或行政行为。

（4）不可以参与仲裁或解决您与他人的经济、劳资和其他民事纠纷。

（5）不可以替您提出法律诉讼。

（6）不可以帮助您在治疗、拘留或监禁期间获得比当地人更佳的待遇。

（7）不可以为您支付酒店、律师、翻译、医疗及旅行（机、船、车票）费用或任何其他费用。

（8）不可以将您留宿在使、领馆内或为您保管行李物品。

（9）不可以为您购买免税物品。

5. 获得领事保护的条件

作为中国公民，如果您的合法权益在所在国受到侵害，或遭遇不测需要救助，您可以就近联系中国驻外使、领馆，反映情况和有关要求。使、领馆将在工作职责范围内向您提供领事保护和协助。

权利和义务不可分离。对海外中国公民而言,每位公民都有寻求和获得领事保护的权利,但也应承担相应义务和法律责任。主要有:

(1)要求中国驻外使、领馆实施领事保护时,必须提供真实信息,不能作虚假陈述。

(2)在主观上有接受领事保护的意愿。使、领馆在实施领事保护时必须遵循当事人自愿原则,充分尊重当事人的意愿。

(3)要求不超出所在国国民待遇水平。使、领馆在实施领事保护时必须遵循国民待遇原则,可以保障当事人获得与当地人平等的对待,但不能帮助当事人获得更好的待遇。

(4)不能干扰外交部或驻外使、领馆的正常办公,应尊重外交、领事官员。

(5)依法交纳办理各种证件、手续的相关费用。

(6)严格遵守当地和中国的有关法律法规。

(二)正确认识领事保护

当您要求使、领馆实施领事保护时,您所提供的情况必须是真实的。虚假陈述会给领事官员帮助您维护您的正当权益带来困难,而且将导致您承担相应的法律责任。公民对领事保护应消除一些认识上的误区。

误区一:中国驻外使、领馆是中国公民理所当然的庇护所。

有一部分人认为,中国人在国外遇到刑事等案件时,可以去中国驻外使、领馆寻求庇护。这种认识是不正确的。使、领馆对本国国民或第三国国民都无庇护权。中国公民在境外陷入困境可以请求中国驻外使、领馆提供协助,但不允许躲进使、领馆"避难"。这样做不仅无助于解决问题，还会使问题复杂化，甚至引起外交争端。

本国公民可以到本国使、领馆寻求帮助，但不能无理取闹，扰乱使、领馆正常秩序，甚至围攻使、领馆，对领事官员进行恐吓，这些行为都触犯了国内和国际有关法律，情节严重的将受到有关法律的制裁。我国《治安管理处罚条例》第19条规定：扰乱机关、团体、企业、事业单位的秩序，致使工作不能正常进行，处15日以下拘留、200元以下罚款或者警告。《维也纳外交关系公约》和《维也纳领事关系公约》也规定，使、领馆馆舍及外交、领事官员人身不得侵犯，驻在国负有特殊责任保护使、领馆馆舍免受侵入或损害，并防止一切扰乱使、领馆安宁或有损使、领馆尊严的行为。

误区二：领事保护是万能的。

使、领馆的领事保护是有限度的，受到诸多条件和因素的限制：首先，使、领馆在驻在国没有行政权力，更无司法权力，不能使用强制手段。使、领馆对本国国民的保护，无论是探视还是交涉，实际上是依据国际法准则、国际惯例等督促当事国执法机关依法行事，公正公平处理。其次，领事保护涉及国际法、驻在国和派遣国法律，情况十分复杂，使、领馆对中国公民提供领事保护时，不能超越其执行领事职务的权限。

误区三：使、领馆提供的领事保护未达到预期效果，可以起诉有关领事官员。

驻外使、领馆实施领事保护时所进行的外交交涉是外交行为，既可能成功，也可能不成功。公民不能因外交交涉不成功而起诉外交行为,这是世界各国普遍的法律规定。我国《行政诉讼法》第13条规定,法院不受理公民、法人或者其他组织对"国防、外交等国家行为"提起的诉讼。《行政复议法》也不适用外交行为。

外交部领事司联系方式如下:

电话:010—65963500;010—65964020(办公时间)

传真:010—65963509;010—65964094

地址:北京市朝阳区朝阳门南大街2号

邮编:100701

第六章
建筑领域维权案例及解析

1. 没有合同难以讨要工钱

【案例】

陈某是江西人，承包某工程的包工头让他挖下水道，答应每天给他 100 元工钱，下水道挖完后，陈某却没领到一分钱工钱。他多次到包工头及包工头挂靠的某建筑公司讨要，也曾到劳动保障部门举报过，但陈某手中既没合同也没欠条，甚至连工作记录也没有，由于这其中承包关系十分复杂，劳动保障部门最终也没有合适的办法帮他解决困难。

【解析】

此案具有一定的典型性，劳动保障部门确实没有合适的办法处理此问题。根据《劳动法》的规定，企业招收农民工应当直接与农民工本人签订劳动合同，劳动合同一经签订，即具有法律约束力。劳动合同应当以书面形式订立，具有法律规定的必备条款。

本案中陈某如果与用人单位签订了正式的劳动合同，他就可以知道为谁干活，知道单位拖欠了工资找谁去要，出了工伤事故找谁来承担医疗费和生活费等，劳动保障部门也很容易帮助陈某讨回工钱了。

如今是法制时代，凡事讲求证据，农民工如果仍以农村那种思维方式来办事，凡事讲究"搭白算数"，崇尚口头承诺，很可能就会吃亏上当。在做工之前，首先要与用人单位签订劳动合同，这是保护自身权益的基础。

根据《劳动法》的规定，劳动合同的内容可以分为两个部分：必备条款和补充条款。必备条款包含以下七个方面的内容：①劳动合同的期限，就是合同开始的时间和结束的时间。②工作内容，即规定劳动者在该单位做什么工作。③劳动保护和劳动条件，它是为了保障劳动者在劳动过程中的安全、卫生及其他条件，如建筑工人应该发放安全帽等。④劳动报酬，也就是工资、奖金、津贴。⑤劳动纪律。⑥劳动合同终止的条件。⑦违反劳动合同时，双方应该负的责任。补充条款也叫做商定条款，是双方当事人在签订合同时互相商量定下的条款，如试用期限、商业秘密的保护和补充保险、福利待遇等。补充条款是法律赋予双方当事人的自由权利，但是补充条款的约定不能与国家的法律法规相抵触，不能危害国家、其他组织或个人的权益，否则都是无效条款。

2. 生死合同无效

【案例】

谢某与某建筑公司签订了一份合同，建筑公司拿出一份打印好的合同，要求谢某签字，合同中最后有一条：本公司已尽到安全管理及提醒责任，凡在工地发生伤亡事故，概与本公司无关，本公司不承担任何责任。谢某因家中急需用钱，又想到这种事不可能发生在自己身上，就违心地签字同意了。谁知，工作三天后，由于工地水泥板断裂，谢某从高空摔下身亡。家属找建筑公司讨要赔偿，建筑公司拿出谢某签订的合同，认为既然合同已约定了免责条款，公司就应按合同行事，拒绝了家属的各种要求。后经劳动仲裁机构裁定，确定该条款无效，要求建筑公司答应谢某家属提出的合理要求。

【解析】

这是一起因用人单位不按《劳动法》的有关规定履行安全管理义务，妄图以与劳动者约定"工伤概不负责"之类的"生死条款"来逃避责任。这类约定因违反《劳动法》，属无效劳动合同，即使已经写进合同里，双方已经签字，也是无效的。签订这类合同的主要是建筑、采石等从事高度危险作业的单位。这类企业劳动保护条件差，隐患多，设施不全，生产中极易发生伤亡事故。

无效劳动合同是指所订立的劳动合同不符合法定条件，或者不具备法律效力。无效劳动合同从订立的时候起就没有法律约束力。《劳动法》第十八条规定的全部无效劳动合同包括两种：（1）违反法律和行政法规的劳动合同；（2）采取欺诈或威胁等手段订立的劳动合同。另外还有一种部分无效的劳动合同，是指部分条款无效的合同。确认劳动合同部分无效的，如果不影响其他部分的效力，其余部分仍然有效。

　　劳动合同是不是有效不能由双方当事人来认定，而应由劳动争议仲裁委员会或人民法院来认定。如果是因为用人单位的原因签订了无效劳动合同，并且对务工者的工资收入造成损失的，除了按照务工者应该得到的工资收入给予补偿之外，还要按规定支付各种赔偿。

　　劳动仲裁是指由劳动争议仲裁委员会对当事人申请仲裁的劳动争议的公断与裁决。劳动争议发生后，当事人可以向本单位劳动争议调解委员会申请调解；调解不成，当事人一方要求仲裁的，可以向劳动争议仲裁委员会申请仲裁。当事人一方也可以直接向劳动争议仲裁委员会申请仲裁。对仲裁裁决不服的，可以向人民法院提起诉讼。按照《劳动法》规定，提起劳动仲裁的一方应在劳动争议发生之日起60日内向劳动争议仲裁委员会提出书面申请。除非当事人是因不可抗力或有其他正当理由，否则超过法律规定的申请仲裁时效的，仲裁委员会不予受理。

3. 要求冒险作业可申请解除劳动合同

【案例】

　　建筑操作工小李发现挖掘机出现故障，要求公司拿去修理，但公司以工期紧张、没时间修理为由，拒绝了小李的请求，并要求小李立即上机工作。小李操作了一会，感觉害怕，于是不愿操作，公司经理威胁小李如果不操作的话要扣三天工资。小李感到自身安全得不到保障，于是提出辞职，经理遂以小李私自辞职影响工期为由，扣留了他的当月工资。小李向劳动仲裁机构申诉后，劳动仲裁机构认定：劳动者有依法享有劳动安全的权利，认为劳动合同可依法解除，并要求建筑公司支付小李的当月工资，并补偿小李一定的经济损失。

【解析】

在工作中，如果用人单位强制要求劳动者冒险作业，劳动者可依法即时解除劳动合同，并不用承担各种后果。《劳动法》规定，劳动者享有平等就业和选择职业的权利，取得劳动报酬的权利、休息休假的权利以及获得劳动安全保护的权利。我国《劳动法》第五十四条规定，用人单位必须为劳动者提供符合国家规定的劳动安全卫生条件和必要的劳动防护用品。《安全生产法》规定，生产经营单位与从业人员订立的劳动合同，应当载明有关保障从业人员劳动安全、防止职业危害的事项，以及依法为从业人员办理工伤社会保险的事项。生产经营单位不得以任何形式与从业人员订立安全免责协议，免除或者减轻其对从业人员因生产安全事故伤亡依法应承担的责任。违法订立这类协议的，该协议无效，对生产经营单位的主要负责人、个人经营的投资人处2万元以上10万元以下的罚款。

《劳动合同法实施条例》第十八条规定，有下列情形之一的，依照《劳动合同法》规定的条件、程序，劳动者可以与用人单位解除劳动合同，其中第11款、第12款规定如下：（11）用人单位以暴力、威胁或非法限制人身自由的手段强迫劳动者劳动的；（12）用人单位违章指挥、强令冒险作业危及劳动者人身安全的。

本例中小李有安全作业的工作权利,如果用人单位强制命令其冒险作业,小李有权予以拒绝,并可当场提出解除劳动合同的正当要求,此举不但不构成违约,相反,小李还可要求公司就自己因提前解约所造成的损失要求单位支付经济补偿金。

4. 恶意欠薪承担刑事责任

【案例】

某建筑股份工程公司拖欠40名农民工工资400万元,经劳动保障部门多次协商,该公司保证春节前支付全部工资,但到期后该公司仅支付了50万元,对余下的350万元不作任何承诺。依据劳动法相关法律规定,劳动保障部门依法对其下达了行政处罚决定书,责令其除无条件支付拖欠的农民工工资外,并对其处以20万元的罚款。该建筑公司不服,向法院提起诉讼,理由是因其工程甲方一直未向他们支付工程款,致使他们无法向农民工发放工资,是故不属无故拖欠。人民法院经过审理,做出了维持劳动保障部门对该建筑股份工程公司的处罚判决,由于此事影响较大,法院并判处该公司企业法人一年的有期徒刑。

【解析】

根据《建筑领域农民工工资支付管理暂行办法》和相关中央文件规定,建筑企业应依法通过集体协商或其他民主形式制定内部工资支付办法,并告知企业全体农民工。企业应该根据劳动合同约定的农民工工资标准等内容,按月支付工资,并不得低于当地最低工资标准。企业应当将工资直接发放给农民工本人,严禁发放给包工头或其他不具备用工主体资格的组织和个人。

法律规定,招用农民工的建筑业企业法定代表人是解决农民工工资拖欠和克扣问题的第一责任人。总承包企业应建立健全支付农民工工资管理制度,专业承包或劳务承包的建筑业企业收到总承包企业拨付的工程款,首先要保证农民工工资及时足额发放,不得挤占、挪用。所属专业承包或劳务承包建筑业企业拖欠农民工工资的,要追究总承包企业的连带责任。建筑业企业在依法破产、清偿债务时,有关机关应把拖欠的农民工工资纳入第一清偿顺序。

此外,为切实保障农民工权益,解决工资拖欠问题,2011年《刑法修正案(八)》出台规定:"以转移财产、逃匿等方法逃避支付劳动者的劳动报酬或者有能力支付而不支付劳动者的劳动报酬,数额较大,经政府有关部门责令支付仍不支付的行为构成"恶意欠薪罪","恶意欠薪罪"(此系百姓俗称)的正式罪名为"拒不支付劳动报酬罪"。

2015年1月6日,国家人社部与最高人民法院、最高人民检察院、公安部又联合下发了《关于加强涉嫌拒不支付劳动报酬犯罪案件查处衔接工作的通知》,进一步明确了"拒不支付劳动报酬罪"的相关内容,即在有支付能力的情况下,恶意欠薪,用人单位负责人或承包人将被追究刑事责任,构成"欠薪罪"的,一般对用人单位处以罚金,对直接负责人员(如法定代表人、人事负责人等)可处3年以下有期徒刑或者拘役;造成严重后果的,处3年以上7年以下有期徒刑。

其中"造成严重后果"是指"造成劳动者或者其被赡养人、被扶养人、被抚养人的基本生活受到严重影响、重大疾病无法及时医治或者失学的；对要求支付劳动报酬的劳动者使用暴力或者进行暴力威胁的；造成其他严重后果的"等情形。由此可见，拒不支付农民工劳动报酬，不但要受到劳动保障部门的经济处罚，而且还要承担刑事责任，要坐牢。

5. 暴力讨薪遭拘留

【案例】

由于建筑公司拖欠自己的承包款，包工头李某无法支付刘某等10人的工资，眼看年关将近，包工头李某于是唆使刘某等人多次到建筑公司门前采取静坐、拉条幅的方式讨薪，后来见没有成效，刘某等人于是晚上将在酒店谈生意的建筑公司老板"堵"住，通过暴力形式强行讨要。酒店报警后，公安机关以限制人身自由以及多次扰乱治安为由将刘某等拘留了15天，包工头李某也因幕后指挥身份被行政拘留。在公安机关的调解下，刘某等人1个月后拿到了全部拖欠的工资。

【解析】

欠薪问题是农民工外出打工遇到的常见问题，也是社会十分关注的问题，这在建筑领域尤为突出。每到年底，都会有农民工因为拿不到工钱而采取静坐、示威、跳楼等极端手段进行讨薪，这种方式并不可取。面对欠薪问题，农民工朋友应该学会用法律武器为自己维权。

首先，一定要签订正规合同，查清用人单位资格，莫签主体不适用合同。事先了解单位名称、法人是谁等，注意与具备用工主体资格的人直接签订劳动合同，对于转包严重的行为要特别小心。比如，《关于加强建设等行业农民工劳动合同管理的通知》规定，建筑工程项目部、项目经理、包工头等都不具备用工主体资格。在具体签订合同时，重要条款一定要在纸上约定，莫签模糊不清合同。根据《劳动法》和《工资支付暂行规定》等规定，工资应以人民币形式支付，且至少每月支付一次。根据《建设领域农民工工资支付管理暂行办法》规定，工资严禁发放给"包工头"或其他不具备用工主体资格的组织和个人。

建筑单位由于自身的特殊性，通常每月只给工人发生活费，到年底再发工资。这种情况下，一旦出现停发生活费的现象，工人就要提高警惕了，这很可能是由于上级层层拖欠工程款，包工头赔钱而准备逃跑的前兆。这时候应该向老板索要欠条，实在要不到欠条，可以进行录音，这都是有力的证据。

遭遇欠薪时，一定要通过合法途径讨薪，如果采取过激行为，给单位造成了经济损失，即使最后讨回了工资，也要对单位做出赔偿，这对农民工来说得不偿失。

6."领条"当欠条　维权难度大

【案例】

6名湖北民工到市法律援助中心寻求帮助，想要回他们被老板拖欠的30多万元工资，可当他们向工作人员提交证据时，工作人员傻眼了。原来，这6名湖北民工手持的是"领条"，上面写着：今领到老板付给的工资30万元，领款人有的空着，有的已经写上了农民工的名字。

【解析】

领条和欠条完全不同：领条是债权债务的交割凭据，表明付款人已经履行了付款义务；欠条是债权债务的凭据，表明欠款人未偿还欠款。欠条的诉讼时效只有两年，以欠款出具之日起计算。此案中6名湖北民工所交的领条，表明承包商已全部支付了工钱，如果此6名农民工无法再提供相关证据，则就哑巴吃黄连，有苦说不出了。

农民工面对的是训练有素的包工头或建筑老板，对他们提交的书面文字一定要看仔细，谨防将欠条写成领条，对其中弄不懂的术语一定要请专业人士把关，以防他们玩花招。尤其要对欠条的日期及签名看仔细，防止包工头或建筑老板不写欠条日期或故意将日期提前，他们签名时需与身份证的名字一致，不能是小名或外号或职务名，否则打起官司来吃亏的是农民工自己。农民工在讨要工资时，可用录音机或手机将讨薪的过程录下来，这样方便今后的维权。

7. 包工头"躲了"，找谁要工资

【案例】

小黄在某包工头手下包了一个小工程，工程完工后，包工头却不见了踪影。到建筑公司一问方知包工头领了工钱后跑路了。建筑公司认为小黄是自己找的包工头，并不是建筑公司招聘的，况且工钱已交给了包工头，因此要小黄找包工头要钱去。小黄找了一段时间，可包工头如同人间蒸发，小黄只好自认倒霉。

【解析】

包工头将农民工工资挪作他用或跑路的情况时有发生。既然工资是被包工头领走的，就该找他要，这几乎成为一些农民工讨要工资的唯一途径，而在找不到包工头的时候，要么等待，要么自认倒霉。

其实，农民工还有其他途径要回工钱：建设部等部门关于《建设领域农民工工资支付管理暂行办法》第7条规定：企业应将工资直接发放给农民工本人，严禁发放给"包工头"或其他不具备用工主体资格的组织和个人。第9条规定：工程总承包企业应对劳务分包企业工资支付进行监督，督促其依法支付农民工工资。可见，无论农民工当初是否与包工头商谈过工资具体支付办法，最终都可直接向具备资质的、支付工资的分包建筑企业索要工资。建筑公司以已向包工头支付了工钱，要农民工找包工头要的理由不成立。

建筑领域层层转包的情况比较多，为了依法保障劳动者的合法权益，《建设领域农民工工资支付管理暂行办法》第10条规定：业主或工程总承包企业未按合同约定与建设工程承包企业结清工程款，致使建设工程承包企业拖欠农民工工资的，由业主或工程总承包企业先行垫付农民工被拖欠的工资，先行垫付的工资数额以未结清的工程款为限。第12条规定：工程总承包企业不得将工程违反规定发包、分包给不具备用工主体资格的组织或个人，否则应承担清偿拖欠工资连带责任。因此，小黄完全可以依据上述规定，要求建筑企业支付工资。

8. 发生工伤事故应及时进行工伤认定

【案例】

左某在一个建筑企业做粉刷工,一次在高墙粉刷时,左某忘了戴防护用具就开始干活,一不小心从墙上摔了下来,左大腿粉碎性骨折。事故发生后,企业及时将左某送往医院进行治疗,并垫付了医药费,还主动给了左某2万元营养费。左某想到自己也有责任,再说单位也替自己进行了医治,于是就没再找单位麻烦,治好后就回家去了。一年以后,左某听一个老乡说,他的情况属于工伤,可以要求单位支付工伤补偿,而绝不仅仅只是报销医疗费用。左某去找单位领导,可建筑企业已搬到外省去了,左某无奈只好放弃了维权。

【解析】

左某的亲身经历提醒广大农民工朋友,在外打工一定要及时地了解一下关于工伤的知识,以免造成被动局面。

工伤保险制度是我国政府推行的具有强制性、福利性的社会保障制度,待遇"上不封顶",多至几百万元,甚至上千万元。

《工伤保险条例》第十四条规定,职工有下列情形之一的,应当认定为工伤:(1)在工作时间和工作场所内,因工伤原因受到事故伤害的;(2)工作时间前发生在工作场所内,从事与工作有关的预备性或者收尾性工作受到事故伤害的;(3)在工作时间和工作场所内,因履行工作职责受到暴力等意外伤害的;(4)患职业病的;(5)因工外出期间,由于工作原因受到伤害或者发生事故下落不明的;(6)在上下班途中,受到机动车事故伤害的;(7)法律、行政法规规定应当认定为工伤的其他情形。

根据《工伤保险条例》及相关文件规定，职工因工致残被鉴定为一级至四级伤残的，工伤保险基金应支付以下待遇：(1)工伤医疗及康复费用；(2)辅助器具安装、配置费；(3)一次性伤残补助金；(4)伤残津贴；(5)生活护理费。按月领取的伤残津贴和生活护理费还将随着社会生活水平的提高而提高。工伤人员将来死亡后，其直系亲属还可领取丧葬补助费，若其配偶达到55周岁没有生活来源，还可每月领取供养亲属抚恤金至终生。

工伤保险在工伤医疗上，没有"起付线"，即没有最低限额的规定，符合工伤治疗规定和药品目录的治疗费用，工伤保险基金可全额支付。工伤保险没有自付比例的规定，符合规定的医疗费用可全部予以报销。对于工伤职工来说，不论是大事故，还是小伤害，工伤保险都给了他们全面的保障。同时工伤保险实行"无过错责任原则"，即劳动者负伤后，不管过失在谁，只要事故不是由于劳动者本人的故意行为所导致，工伤职工均可获得补偿，以保障其基本生活。无过失责任原则是工伤保险实行的一个特殊原则，体现了对工伤职工的倾斜和保护。

但劳动者必须注意的是，如果个人申请工伤认定，应在工伤发生后的1年内进行申请，工伤认定及工伤等级必须由劳动保障部门进行工伤认定并发放工伤证，单位或个人所作的工伤认定无效。

9. 工伤保险不具名也可享受

【案例】

赵某是某建筑工地农民工。某日，因卡车无法开到工地，经理命他去搬运马路对面的建筑材料，谁知赵某在搬材料时因视线受限，被一辆小客车撞倒死亡。经交警部门鉴定，肇事司机和赵某应对此事故负同等责任。幸运的是，赵某所在的建筑施工企业曾以建筑项目为单位，统一为务工人员办理了工伤保险，赵某被认定为因工死亡，工伤保险经办机构共支付一次性工亡待遇45万元，其中丧葬补助费2万元，一次性工亡补助金43万元。

【解析】

建筑业作为国民经济的重要支柱产业，集中了全国很大一部分农民工。国家安监总局的统计表明，建筑业事故发生率和死亡人数仅次于煤矿，排在各行业第二位。为此，我国建立了以工伤保险为主、商业保险为补充的综合保险体系。

根据规定，建筑施工企业参加工伤保险可以建设项目为单位统一办理，务工人员不记名，工伤保险费标准统一按照工程造价的人工费乘以建筑行业工伤保险基准费率计算。工程造价中人工费数额不明确的，按工程总造价的一定比例作为人工费计算应缴的工伤保险费。建设项目参加工伤保险后，务工人员在工地上发生了工伤事故的，均可享受工伤保险待遇。

此外，以前一般工伤事故赔偿往往要经过工伤事故报案、工伤认定、劳动能力鉴定、工伤待遇申报四个环节，耗费时间长，钱不多的话有人就选择放弃。而这其中近四成的工伤事故属"小工伤"。"小工伤"是指因工伤治疗终结后医疗费用较少（2000元以内）且无伤残等级的工伤事故。针对"小工伤"事故特点，我国对"小工伤"进行了简化手续、优先办理的举措，工伤保险经办机构专门开通绿色通道,搭建快速处理申报、受理、核报的"一站式"服务平台。单位提供相应的"小工伤"申报资料,经办人员核查资料后会当场确认是否符合"小工伤",对在协议医疗机构就医的"小工伤"实行即来即办,在非协议医疗机构就医的5个工作日内办理结算。

10. 达成协议后仍可进行追加赔偿

【案例】

建筑工小王在安装房屋玻璃时,因突刮大风,加之安全带质量不佳,不慎从三楼摔下,手部及背部多处骨折。建筑公司对小王受伤一事一直不予理睬,后小王向报社记者投诉后,建筑公司为息事宁人,答应补偿小王3万元医疗费,双方互不追究。小王回家后,当村长的叔叔认为补偿过低,要求建筑公司追加医疗费,而建筑公司以双方已达成协议为由,不予理睬。法院接到小王的诉讼后,经过审理,依照申诉人的伤残级别,根据国家工伤保险相关规定,要求建筑公司再支付小王3万元。

【解析】

根据民法规定,平等主体的公民和法人之间的协议必须遵循公平、合法性原则协商订立,显失公平的协议自订立起即不具有法律效力。本例中,工伤事故受害人小王,在与用人单位协商处理工伤善后事宜中,虽与该建筑公司签订了调解协议,但其所获赔付金额明显低于工伤保险政策中规定的标准,显失公平。工伤职工及其家属仍可以在法定仲裁时效内,向当地劳动争议仲裁机关提起申诉，要求用人单位依照工伤保险相关规定予以补差。劳动争议仲裁部门经审查发现申诉属实的，应依法予以立案和支持。

11. 出国打工谨防受骗

【案例】

　　2015 年 6 月，当地居民薛某以某外派劳务公司负责人身份回家乡招建筑工人出国打工，招到了 60 人后，他以帮忙办理前往以色列护照手续及购买飞机票等为由，收取了每人 5000 元押金，承诺事后所收款项多退少补，但出国务工手续一直未能办成。当事人报案后，民警了解得知，薛某已将所有押金以汇款的方式转给了浙江某家外派公司负责人洪某，但洪某由于经营欺诈，公司证照已被吊销，洪某将这 30 万元押金不予退还，取走后失联。后在民警的帮助下，洪某被抓获，30 万元押金最终全部退还给薛某，薛某之后退还给报名者。

【解析】

　　当前，农民工出国打工的热情日益高涨，但广大农民工兄弟在"打洋工"的路上，应该掌握以下几点常识，尤其是要签订一份正规合同，千万莫偏听偏信中介的一面之词，以免上当受骗，确保安全出去、安全回来、如愿发财。

　　（1）外派劳务公司的合法性。外派劳务公司应具有商务部批准的对外出国劳务合作经营资格，名单可到商务部网站上查询，也可向地方商务主管部门查询。

　　（2）外派劳务项目的真实性。获得出国劳务信息后，一定要核实信息是否准确。根据国家有关规定，地方商务主管部门负责本地区的外派劳务项目审查。如有必要，您可以向地方商务主管部门了解外派劳务项目的真实性。

（3）报名前应注意事项。在报名前，要向外派劳务公司认真了解项目情况，如要去工作的国家，外国雇主名称，将从事的工作内容，工作期限，有没有试用期，每月或每周工作天数，每天工作时间等。特别要了解工资待遇，如月基本工资、超时和节假日加班费，以及工资和加班费发放方式等。

（4）签署合同的注意事项。出国务工前，应与外派劳务公司签署合同；在出国务工期间，应与外方雇主签订"雇佣合同"。两份合同中关于劳务人员的权利和义务的内容应一致。要特别注意合同中必须有下列内容：工作地点、职业工种、劳动条件、工作时间、休息休假、劳动报酬、保险、双方的权利与义务及违约责任、合同变更及解除劳动合同的方式及条件、女工和特殊工种劳动保护条件、纠纷和争议处理办法、工伤亡事故处理办法等。

12. 旅游签证不能出国打工

【案例】

张先生今年44岁，2015年8月中旬，经熟人介绍，他来到某劳务信息咨询服务中心咨询办理赴马来西亚出国劳务事宜。该公司负责人说与马来西亚某工地签订了协议，许诺出国打工的工资保底10000元，每天工作9小时左右，日工，不计件。虽然中介费要2万元，但想到每月工资不错，张先生于是便毫不犹豫地交了中介费。谁知他来到马来西亚后，该工地负责人告诉他并未在中国招收出国劳务人员,并指出他手中的签证并非出国劳务签证,而是旅游签证,建议他尽快回国,否则警察会强制遣返。张先生一行回国后,该劳务公司才说出实情:公司只有劳务咨询的资质,是委托广州一家中介公司办理的劳务派遣手续,先办旅游签证,之后再想办法办劳务签证。由于该公司无出国劳务派遣资质,当地工商部门查封了该公司。

【解析】

护照、签证是出国必不可少的证件,外派公司在外派劳务过程中,其重要的工作之一就是替出国劳务人员办理签证。出国劳务人员只有持合法有效的签证才能出国务工。然而,有些无资质的企业随意承诺,甚至以办理旅游签证的方式将人员派出,致使很多人在国外滞留或被遣返,由此导致纠纷不断。

根据合同法的相关规定,张先生委托该公司办理的是出国劳务的相关事宜,该公司作为受托人理应按照合同约定履行义务,而该公司办理的系旅游签证,显然与合同目的不符,其行为构成违约,张先生可以要求该公司退还中介费并赔偿相关损失。

农民工欲出国打工,首先,要选择一家有合法经营出国劳务业务的公司来办理相关的出国劳务手续。报名时应要求该公司出示商务部颁发的"对外劳务合作经营资格证书"或人力资源和社会保障部颁发的"境外就业经营许可证"。其次,应了解要去的国家和地区的基本情况和外国雇主的名称及经营情况;了解所从事的工种、合同期限、试用期、正常工作时间、工资待遇等。最后,需与国外雇佣公司签订"雇佣合同",与国内办理出国劳务的经营公司签订"外派劳务合同"或"境外就业中介服务合同"。

如果出国务工人员签证为旅游签证，且对方用工单位并未委托国内中介招募工人，那么出国务工人员与中介公司签订的劳务合同是无效的，中介公司的行为是违法的，应接受行政处罚。而对于旅游签证，劳务人员应该认清其性质，不能听信中介公司做出的虚假承诺，匆匆登上飞机，导致后悔莫及。

13. 出国打工受伤，国内公司应担责

【案例】

2016年5月，某公司将陈某等人派往老挝一家水泥厂，从事该公司承包的机械设备安装工作。同年8月，陈某在工作过程中被物件砸伤右膝关节，随后被送往当地医院治疗。10月，陈某转回国内医院作进一步治疗，并于当年12月出院。经司法鉴定所鉴定，陈某伤情构成十级伤残。陈某受伤及在回国治疗期间，该公司仅支付陈某1.4万余元，其余费用双方多次协商均未能达成协议。为此，陈某诉至法院，请求依法判决被告赔偿其各种损失合计8万余元。

【解析】

法院审理后认为，公民的人身健康权受法律保护。陈某系该公司的招聘员工，受公司指派出国务工，在安装机械设备工作过程中，不慎被物件砸伤，根据《最高人民法院关于审理人身损害赔偿案件适用法律若干问题的解释》的有关规定，被告应当承担全部赔偿责任。陈某受伤害所造成的各项经济损失6万余元，依法应由该公司承担全部赔偿责任。

附录
国务院办公厅关于全面治理拖欠农民工工资问题的意见

各省、自治区、直辖市人民政府,国务院各部委、各直属机构:

解决拖欠农民工工资问题,事关广大农民工切身利益,事关社会公平正义和社会和谐稳定。党中央、国务院历来高度重视,先后出台了一系列政策措施,各地区、各有关部门加大工作力度,经过多年治理取得了明显成效。但也要看到,这一问题尚未得到根本解决,部分行业特别是工程建设领域拖欠工资问题仍较突出,一些政府投资工程项目不同程度存在拖欠农民工工资问题,严重侵害了农民工合法权益,由此引发的群体性事件时有发生,影响社会稳定。为全面治理拖欠农民工工资问题,经国务院同意,现提出如下意见:

一、总体要求

(一)指导思想。全面贯彻党的十八大和十八届二中、三中、四中、五中全会精神,按照"四个全面"战略布局和党中央、国务院决策部署,牢固树立并切实贯彻创新、协调、绿色、开放、共享的发展理念,紧紧围绕保护农民工劳动所得,坚持标本兼治、综合治理,着力规范工资支付行为、优化市场环境、强化监管责任,健全预防和解决拖欠农民工工资问题的长效机制,切实保障农民工劳动报酬权益,维护社会公平正义,促进社会和谐稳定。

(二)目标任务。以市政、交通、水利等工程建设领域和劳动密集型加工制造、餐饮服务等易发生拖欠工资问题的行业为重点,健全源头预防、动态监管、失信惩戒相结合的制度保障体系,完善市场主体自律、政府依法监管、社会协同监督、司法联动惩处的工作体系。到2020年,形成制度完备、责任落实、监管有力的治理格局,使拖欠农民工工资问题得到根本遏制,努力实现基本无拖欠。

二、全面规范企业工资支付行为

(三)明确工资支付各方主体责任。全面落实企业对招用农民工的工资支付责任,督促各类企业严格依法将工资按月足额支付给农民工本人,严禁将工资发放给不具备用工主体资格的组织和个人。在工程建设领域,施工总承包企业(包括直接承包建设单位发包工程的专业承包企业,下同)对所承包工程项目的农民工工资支付负总责,分包企业(包括承包施工总承包企业发包工程的专业企业,下同)对所招用农民工的工资支付负直接责任,不得以工程款未到位等为由克扣或拖欠农民工工资,不得将合同应收工程款等经营风险转嫁给农民工。

(四)严格规范劳动用工管理。督促各类企业依法与招用的农民工签订劳动合同并严格履行,建立职工名册并办理劳动用工备案。在工程建设领域,坚持施工企业与农民工先签订劳动合同后进场施工,全面实行农民工实名制管理制度,建立劳动计酬手册,记录施工现场作业农民工的身份信息、劳动考勤、工资结算等信息,逐步实现信息化实名制管理。施工总承包企业要加强对分包企业劳动用工和工资发放的监督管理,在工程项目部配备劳资专管员,建立施工人员进出场登记制度和考勤计量、工资支付等管理台账,实时掌握施工现场用工及其工资支付情况,不得以包代管。施工总承包企业和分包企业应将经农民工本人签字确认的工资支付书面记录保存两年以上备查。

(五)推行银行代发工资制度。推动各类企业委托银行代发农民工工资。在工程建设领域,鼓励实行分包企业农民工工资委托施工总承包企业直接代发的办法。分包企业负责为招用的农民工申办银行个人工资账户并办理实名制工资支付银行卡,按月考核农民工工作量并编制工资支付表,经农民工本人签字确认后,交施工总承包企业委托银行通过其设立的农民工工资(劳务费)专用账户直接将工资划入农民工个人工资账户。

三、健全工资支付监控和保障制度

(六)完善企业工资支付监控机制。构建企业工资支付监控网络,依托基层劳动保障监察网格化、网络化管理平台的工作人员和基层工会组织设立的劳动法律监督员,对辖区内企业工资支付情况实行日常监管,对发生过拖欠工资的企业实行重点监控并要求其定期申报。企业确因生产经营困难等原因需要延期支付农民工工资的,应及时向当地人力资源社会保障部门、工会组织报告。

建立和完善欠薪预警系统,根据工商、税务、银行、水电供应等单位反映的企业生产经营状况相关指标变化情况,定期对重点行业企业进行综合分析研判,发现欠薪隐患要及时预警并做好防范工作。

(七)完善工资保证金制度。在市政、交通、水利等工程建设领域全面实行工资保证金制度,逐步将实施范围扩大到其他易发生拖欠工资的行业。建立工资保证金差异化缴存办法,对一定时期内未发生工资拖欠的企业实行减免措施,发生工资拖欠的企业适当提高缴存比例。严格规范工资保证金动用和退还办法。探索推行业主担保、银行保函等第三方担保制度,积极引入商业保险机制,保障农民工工资支付。

(八)建立健全农民工工资(劳务费)专用账户管理制度。在工程建设领域,实行人工费用与其他工程款分账管理制度,推动农民工工资与工程材料款等相分离。施工总承包企业应分解工程价款中的人工费用,在工程项目所在地银行开设农民工工资(劳务费)专用账户,专项用于支付农民工工资。建设单位应按照工程承包合同约定的比例或施工总承包企业提供的人工费用数额,将应付工程款中的人工费单独拨付到施工总承包企业开设的农民工工资(劳务费)专用账户。农民工工资(劳务费)专用账户应向人力资源社会保障部门和交通、水利等工程建设项目主管部门备案,并委托开户银行负责日常监管,确保专款专用。开户银行发现账户资金不足、被挪用等情况,应及时向人力资源社会保障部门和交通、水利等工程建设项目主管部门报告。

(九)落实清偿欠薪责任。招用农民工的企业承担直接清偿拖欠农民工工资的主体责任。在工程建设领域，建设单位或施工总承包企业未按合同约定及时划拨工程款，致使分包企业拖欠农民工工资的，由建设单位或施工总承包企业以未结清的工程款为限先行垫付农民工工资。建设单位或施工总承包企业将工程违法发包、转包或违法分包致使拖欠农民工工资的，由建设单位或施工总承包企业依法承担清偿责任。

四、推进企业工资支付诚信体系建设

（十）完善企业守法诚信管理制度。将劳动用工、工资支付情况作为企业诚信评价的重要依据，实行分类分级动态监管。建立拖欠工资企业"黑名单"制度，定期向社会公开有关信息。人力资源社会保障部门要建立企业拖欠工资等违法信息的归集、交换和更新机制，将查处的企业拖欠工资情况纳入人民银行企业征信系统、工商部门企业信用信息公示系统、住房城乡建设等行业主管部门诚信信息平台或政府公共信用信息服务平台。推进相关信用信息系统互联互通，实现对企业信用信息互认共享。

（十一）建立健全企业失信联合惩戒机制。加强对企业失信行为的部门协同监管和联合惩戒，对拖欠工资的失信企业，由有关部门在政府资金支持、政府采购、招投标、生产许可、履约担保、资质审核、融资贷款、市场准入、评优评先等方面依法依规予以限制，使失信企业在全国范围内"一处违法、处处受限"，提高企业失信违法成本。

五、依法处置拖欠工资案件

（十二）严厉查处拖欠工资行为。加强工资支付监察执法，扩大日常巡视检查和书面材料审查覆盖范围，推进劳动保障监察举报投诉案件省级联动处理机制建设,加大拖欠农民工工资举报投诉受理和案件查处力度。完善多部门联合治理机制,深入开展农民工工资支付情况专项检查。健全地区执法协作制度,加强跨区域案件执法协作。完善劳动保障监察行政执法与刑事司法衔接机制,健全劳动保障监察机构、公安机关、检察机关、审判机关间信息共享、案情通报、案件移送等制度,推动完善人民检察院立案监督和人民法院及时财产保全等制度。对恶意欠薪涉嫌犯罪的,依法移送司法机关追究刑事责任,切实发挥刑法对打击拒不支付劳动报酬犯罪行为的威慑作用。

(十三)及时处理欠薪争议案件。充分发挥基层劳动争议调解等组织的作用,引导农民工就地就近解决工资争议。劳动人事争议仲裁机构对农民工因拖欠工资申请仲裁的争议案件优先受理、优先开庭、及时裁决、快速结案。对集体欠薪争议或涉及金额较大的欠薪争议案件要挂牌督办。加强裁审衔接与工作协调,提高欠薪争议案件裁决效率。畅通申请渠道,依法及时为农民工讨薪提供法律服务和法律援助。

(十四)完善欠薪突发事件应急处置机制。健全应急预案,及时妥善处置因拖欠农民工工资引发的突发性、群体性事件。完善欠薪应急周转金制度,探索建立欠薪保障金制度,对企业一时难以解决拖欠工资或企业主欠薪逃匿的,及时动用应急周转金、欠薪保障金或通过其他渠道筹措资金,先行垫付部分工资或基本生活费,帮助解决被拖欠工资农民工的临时生活困难。对采取非法手段讨薪或以拖欠工资为名讨要工程款,构成违反治安管理行为的,要依法予以治安处罚;涉嫌犯罪的,依法移送司法机关追究刑事责任。

六、改进建设领域工程款支付管理和用工方式

（十五）加强建设资金监管。在工程建设领域推行工程款支付担保制度，采用经济手段约束建设单位履约行为，预防工程款拖欠。加强对政府投资工程项目的管理，对建设资金来源不落实的政府投资工程项目不予批准。政府投资项目一律不得以施工企业带资承包的方式进行建设，并严禁将带资承包有关内容写入工程承包合同及补充条款。

（十六）规范工程款支付和结算行为。全面推行施工过程结算，建设单位应按合同约定的计量周期或工程进度结算并支付工程款。工程竣工验收后，对建设单位未完成竣工结算或未按合同支付工程款且未明确剩余工程款支付计划的，探索建立建设项目抵押偿付制度，有效解决拖欠工程款问题。对长期拖欠工程款结算或拖欠工程款的建设单位，有关部门不得批准其新项目开工建设。

（十七）改革工程建设领域用工方式。加快培育建筑产业工人队伍，推进农民工组织化进程。鼓励施工企业将一部分技能水平高的农民工招用为自有工人，不断扩大自有工人队伍。引导具备条件的劳务作业班组向专业企业发展。

（十八）实行施工现场维权信息公示制度。施工总承包企业负责在施工现场醒目位置设立维权信息告示牌，明示业主单位、施工总承包企业及所在项目部、分包企业、行业监管部门等基本信息；明示劳动用工相关法律法规、当地最低工资标准、工资支付日期等信息；明示属地行业监管部门投诉举报电话和劳动争议调解仲裁、劳动保障监察投诉举报电话等信息，实现所有施工场地

全覆盖。

七、加强组织领导

（十九）落实属地监管责任。按照属地管理、分级负责、谁主管谁负责的原则，完善并落实解决拖欠农民工工资问题省级人民政府负总责，市（地）、县级人民政府具体负责的工作体制。完善目标责任制度，制定实施办法，将保障农民工工资支付纳入政府考核评价指标体系。建立定期督查制度，对拖欠农民工工资问题高发频发、举报投诉量大的地区及重大违法案件进行重点督查。健全问责制度，对监管责任不落实、组织工作不到位的，要严格责任追究。对政府投资工程项目拖欠工程款并引发拖欠农民工工资问题的，要追究项目负责人责任。

（二十）完善部门协调机制。健全解决企业工资拖欠问题部际联席会议制度，联席会议成员单位调整为人力资源社会保障部、发展改革委、公安部、司法部、财政部、住房城乡建设部、交通运输部、水利部、人民银行、国资委、工商总局、全国总工会，形成治理欠薪工作合力。地方各级人民政府要建立健全由政府负责人牵头、相关部门参与的工作协调机制。人力资源社会保障部门要加强组织协调和督促检查，加大劳动保障监察执法力度。住房城乡建设、交通运输、水利等部门要切实履行行业监管责任，规范工程建设市场秩序，督促企业落实劳务用工实名制管理等制度规定，负责督办因挂靠承包、违法分包、转包、拖欠工程款等造成的欠薪案件。发展改革等部门要加强对政府投资项目的审批管理，严格审查资金来源和筹措方式。财政部门要加强对政府投资项目建设全过程的资金监管，按规定及时拨付财政资金。其他相关部门要根据职责分工,积极做好保障农民工工资支付工作。

(二十一)加大普法宣传力度。发挥新闻媒体宣传引导和舆论监督作用,大力宣传劳动保障法律法规,依法公布典型违法案件,引导企业经营者增强依法用工、按时足额支付工资的法律意识,引导农民工依法理性维权。对重点行业企业,定期开展送法上门宣讲、组织法律培训等活动。充分利用互联网、微博、微信等现代传媒手段,不断创新宣传方式,增强宣传效果,营造保障农民工工资支付的良好舆论氛围。

(二十二)加强法治建设。健全保障农民工工资支付的法律制度,在总结相关行业有效做法和各地经验基础上,加快工资支付保障相关立法,为维护农民工劳动报酬权益提供法治保障。

国务院办公厅
2016 年 1 月 17 日

参考文献

[1] 全国总工会新生代农民工问题课题组. 全国总工会关于新生代农民工问题研究报告[N]. 工人日报, 2010-06-21.

[2] 中国农民工问题研究总报告起草组. 中国农民工问题研究报告[J]. 改革, 2006(5).

[3] 张倩. 浅谈农民工权益保障的问题[J]. 时代经贸, 2013(2).

[4] 刘堃, 胡垒垒. 山东省泰安市建筑行业农民工社会保障现况研究[J]. 经济研究导刊, 2012(3).

[5] 刘福奇. 对劳动合同制度若干问题的探讨[J]. 中国劳动关系学院学报, 2014(2).

[6] 秦琳. 浅谈建筑行业农民工社会权益保障[J]. 黑龙江科技信息, 2008(2).

[7] 吴筱. 农民工的社会保障问题研究[D]. 南昌大学, 2010.

[8] 许霞. 农民工社会保障制度探究[D]. 中国农业大学, 2015.

[9] 王爱云. 我国农民工社会保障问题研究——以建筑业农民工为例[D]. 重庆交通大学, 2010.